Gaosu Gonglu Fuwuqu Guanli Lilun yu Shijian

# 高速公路服务区管理理论与实践

石　琼　王海洋　巨荣云　等◎著

人民交通出版社股份有限公司
China Communications Press Co.,Ltd.

## 内 容 提 要

本书主要内容包括服务区内涵界定、公路服务区发展现状及趋势、公路服务区管理体制、公路服务区分级管理、公路服务区质量监管、公路服务区品牌创建和公路服务区经营开发等。

本书适用于从事交通咨询、规划、设计及运营管理的科研人员和企业工程技术人员阅读参考。

**图书在版编目(CIP)数据**

高速公路服务区管理理论与实践 / 石琼等著. — 北京：人民交通出版社股份有限公司，2018.7（2025.1重印）

ISBN 978-7-114-14891-0

Ⅰ. ①高… Ⅱ. ①石… Ⅲ. ①高速公路—服务设施—交通运输管理—研究—中国 Ⅳ. ①U491.8

中国版本图书馆 CIP 数据核字(2018)第 165332 号

书　　名：高速公路服务区管理理论与实践
著 作 者：石　琼　王海洋　巨荣云　等
责任编辑：司昌静
责任校对：宿秀英
责任印制：张　凯
出版发行：人民交通出版社股份有限公司
地　　址：(100011)北京市朝阳区安定门外外馆斜街 3 号
网　　址：http://www.ccpcl.com.cn
销售电话：(010)85285911
总 经 销：人民交通出版社股份有限公司发行部
经　　销：各地新华书店
印　　刷：北京虎彩文化传播有限公司
开　　本：720 × 960　1/16
印　　张：10.5
字　　数：136 千
版　　次：2018 年 7 月　第 1 版
印　　次：2025 年 1 月　第 4 次印刷
书　　号：ISBN 978-7-114-14891-0
定　　价：45.00 元

# 《高速公路服务区管理理论与实践》
# 编　写　组

**主执笔人**　石　琼　王海洋　巨荣云

**参编人员**　郑维清　聂婷婷　胡　宁
赵　昕　蔡　赫　沈诗雨
张　晨　杨　权　王明文
杨天军　马　健

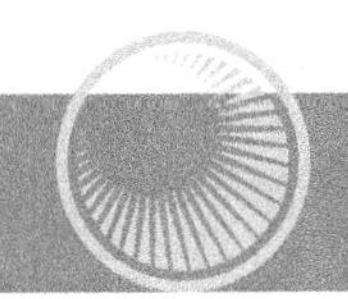

# 前言
FOREWORD

伴随着我国高速公路通车里程的快速增加，高速公路服务区也呈现出快速发展态势。1988 年 10 月 25 日沈大高速公路井泉服务区正式对外经营，标志着我国高速公路服务区实现了零的突破，历经近 30 年的发展，截至 2016 年年底，我国高速公路服务区数量超过 2300 对。为了满足驾乘人员多层次、个性化需求，为车辆提供加油和维修服务，高速公路服务区的服务功能从最初的满足如厕、餐饮、便利店购物、停车、加油等基本功能，逐步发展到目前的特色餐饮、土特产便利店、休闲娱乐、信息服务等多业态多功能。服务区规模总量不断扩大、服务内容更加丰富。2012 年，随着全国收费公路实行重大节假日免收小型客车通行费惠民政策的出台，高速公路服务区在人民生活中受关注程度也大大提升。2013 年，交通运输部出台的《关于改进提升交通运输服务的若干指导意见》中明确提出“要完善高速公路服务区服务内涵，提高服务质量和服务品质”。2014 年 9 月出台了我国第一个关于高速公路服务区的专项文件《交通运输部关于进一步提升高速公路服务区服务质量的意见》，明确提出用三至五年时间，打造“布局合理，经济实用，标识清晰，服务规范，安全有序，生态环保”的现代化服务区。2015 年，交通运输部开展了全国高速公路服务区文明服务创建和服务质量等级评定工作，高速公路服务区整体面貌取得了明显改善，并得到了全社会的高度认可。2016 年 5 月，交通运输部印发了《2016 年全国公路服务区工作要点》，强调了 2016 年全国公路服务区发展工作的要求和要点。2017 年 4 月，交通运输部决定 2017 年继续开展全国高速公路服务区服务质量等级评定工作。这一系列文件的出台及工作的开展充分显示出新形势下行业主管部门对高速公路服务区的重视，这对未来我国高速公路服务区的建设、运营、管理将产生深远影响。

今后一段时间，我国交通运输仍将处于大建设、大发展时期，预计“十三五”末全国高速公路服务区数量将突破3000 对，同时，我国普通国省干线也将规划建设公路服务区 2000 对，这意味着我国高速公路服务区发展和管理将面临前所未有的机遇和挑战。伴随着“服务民生”理念深入全社会的方方面面，高速公路服务区的发展将进入一个由注重数量规模向提升服务质量服务水平转变的新阶段。在此背景下，研究如何提升高速公路服务区服务质量、服务水平，提高高速公路服务区管理能力和水平对满足人民群众需求和实现高速公路服务区可持续发展具有重要的现实意义。

作　者

**2017 年 11 月**

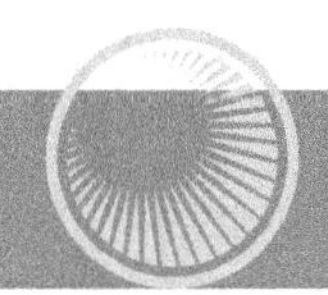

# 目录
CONTENTS


第一章　概述 …………………………………………………… 1
　第一节　高速公路服务区内涵界定 ……………………………… 1
　第二节　高速公路服务区经济属性及演变 ……………………… 2
第二章　我国高速公路服务区发展现状及趋势 ………………… 8
　第一节　我国高速公路服务区发展现状 ………………………… 8
　第二节　我国高速公路服务区存在的问题……………………… 12
　第三节　我国高速公路服务区发展经验………………………… 15
　第四节　我国高速公路服务区发展趋势………………………… 17
第三章　高速公路服务区供需分析………………………………… 20
　第一节　需求分类………………………………………………… 20
　第二节　典型省份服务区需求调查分析………………………… 23
　第三节　典型省份服务区供给调查分析………………………… 30
　第四节　高速公路服务区供需思考与启示……………………… 35
第四章　高速公路服务区管理体制………………………………… 38
　第一节　国外高速公路服务区管理体制………………………… 38
　第二节　国内高速公路服务区管理体制………………………… 42
第五章　我国高速公路服务区分级管理…………………………… 47
　第一节　高速公路服务区分级管理的必要性…………………… 47
　第二节　影响高速公路服务区分级的因素……………………… 49
　第三节　高速公路服务区分级思路……………………………… 51

第四节　高速公路服务区分级方法 ………………………………… 58
**第六章　我国高速公路服务区质量监管** ………………………………… 63
第一节　高速公路服务区质量监管现状 ………………………………… 63
第二节　高速公路服务区服务质量监管体系的构建 ………………… 70
第三节　高速公路服务区服务质量监管因素分析 …………………… 78
第四节　高速公路服务区服务质量评价 ……………………………… 84
**第七章　我国高速公路服务区品牌创建** ……………………………… 109
第一节　高速公路服务区品牌建设现状 ……………………………… 109
第二节　高速公路服务区品牌建设经验借鉴 ………………………… 110
第三节　高速公路服务区服务品牌建设模式 ………………………… 114
第四节　高速公路服务区品牌建设整体推进策略 …………………… 116
第五节　高速公路服务区品牌运行系统构建 ………………………… 122
**第八章　我国高速公路服务区经营开发** ……………………………… 135
第一节　高速公路服务区经营开发模式 ……………………………… 135
第二节　高速公路服务区分类开发策略 ……………………………… 138
第三节　高速公路服务区经营开发项目 ……………………………… 143
第四节　高速公路服务区开发支持系统 ……………………………… 152
**参考文献** ……………………………………………………………… 156

# 第一章 概述

## 第一节 高速公路服务区内涵界定

为解决车辆驾乘人员在出行途中餐饮、休憩、购物、加油、维修需要，各国普遍在高速公路沿线设置服务设施，国际通称为 Service Area，简称为 SA。在我国，根据设施配置不同，把高速公路服务设施划分为两大类，即服务区和停车区。本书中把高速公路服务设施总体上统称为“高速公路服务区”，并根据其功能特征，统一做出以下定义。

高速公路服务区是高速公路的配套设施，它是为满足长时间、封闭性行驶在高速公路上的车辆安全运行要求和驾乘人员最基本的生理和心理需求而设置的服务设施，它具备公共卫生间、餐饮、便利店等基本设施和住宿、停车、加油、汽修等基本功能。

随着经济社会发展和人们需求的变化，高速公路服务区不仅要满足服务保障的基本功能，还要与日益增加的多样化需求相适应，其服务功能的延伸是社会发展的必然要求。高速公路服务区的延伸定义是:高速公路服务区应具备公共卫生间、餐饮、便利店、住宿、停车、加油、汽修等基本服务功能,同时还应具备特色餐饮、规模超市、休闲娱乐、信息服务等多层次服务功能,以及物流仓储、货物中转、旅客中转、旅游服务、应急救援等拓展功能。

## 第二节　高速公路服务区经济属性及演变

### 一、经济属性

1. 公共经济学角度

根据公共经济学[1]理论,各种消费物品可以划分为私人物品和公共物品。私人物品具有消费上的排他性,而公共物品则具有非竞争性和非排他性。

非竞争性是指某人对公共产品的消费不排斥和不妨碍他人消费该种公共产品的数量或质量。

非排他性是指在技术上无法将那些不愿意为消费行为付款的人排除在某种公共产品的受益范围之外;或者技术上虽然可以排他,但排他的成本很高,以致在经济上不可行。同时任何人也不能用拒绝付款的方法,将与其消费偏好不一致的公共产品排除在他的消费范围之外。

鉴于公路的非竞争性和非排他性,将公路定位为公共物品。与之相比,我国的高速公路由于收费而具有较强的排他性,因此将它定位为准公共物品。

高速公路服务区是高速公路的重要组成部分,它的作用是为高速

[1] 高培勇. 公共经济学[M]. 北京:中国人民大学出版社,2008:43.

公路全封闭、高速安全行车提供保障条件。它既为行车提供物质供应服务,也为旅客、驾驶员及公路管理人员提供生产生活服务,因此可以说,服务区具有公益性。同时,该项公益事业具有商品经济的属性。服务区通过向高速公路上出行的驾乘人员提供商品和服务来完成自己的经营活动,获取自身利益。服务区的生产劳动是社会劳动的一部分。高速公路服务区具有较强的排他性,因此它的经济属性应定性为准公共物品。

公共经济学理论认为,生产公共物品的部门或项目具有不可忽视的外部效益,因此除非做出某种制度上或技术上的安排,否则市场竞争将不会导致有限资源的最优配置。这就意味着,公共物品不能由个体生产供给,只有由政府来承担生产与提供公共物品的义务,才有助于实现公共物品的最优配置。高速公路服务区准公共物品的经济属性意味着,它的规划、建造、维护与管理也应由政府负责,只有这样,才能避免其公益性的削弱,才能实现社会效益最大化。

2. 产业经济学角度

近年来,我国高速公路建设实现了跨越式发展,为车流、人流、物流提供了便捷、快速、高品质的服务,极大地促进了我国国民经济的发展。高速公路产业经济也被誉为潜力无限的朝阳产业,而高速公路服务区则是这个产业链中商机最大的亮点。

与一般商品一样,服务的使用价值主要体现在以下方面:

一是满足消费需求。服务产品作为消费资料可以满足人们的生活需要。在服务业提供的服务产品中,有相当一部分是生活必需品,能满足人们衣食住行等最基本的需要。服务在提高人们的素质中也起着重要作用,比如外出旅游可以增长见识等;人们在享受实物商品时,往往也离不开服务的补充,例如人们在外出就餐时,不仅要享受美味佳肴,而且还要享受一流的服务和良好的就餐环境。当劳动者提供的服务被消费者购买时,服务便具有使用价值。

二是满足生产需要。服务产品作为生产资料可以满足生产需要。在现代社会,为生产者提供信息,能提高公司的生产率和工作效率。生产服务行业,既包括围绕企业生产进行的管理咨询、计算机应用、会计、广告等,也包括一些相对独立的产业服务,如金融业、保险业、房地产业、法律和咨询业等。在发达国家,这些行业均占据重要地位,在现代市场经济条件下,它们的扩张与生产经营活动的关系变得更加复杂并且紧密相连。

三是表现物质财富。服务的使用价值也是社会物质财富的表现形式。现在世界上很多国家和地区,都把发展服务的生产作为增加国民财富的重要方面。

除以上几点外,服务的使用价值还有一些特殊的体现,如节约社会劳动时间、提高社会劳动生产率、密切各部门各地区经济联系等,许多服务的使用价值有延展性,并不随着消费活动的终止而完结。

与一般商品相比,服务是一种特殊商品,它的生产、交易、消费三位一体,具有直接的同一性,同时进行,不用储存。服务作为一种特殊使用价值的最突出的特点就是,服务是运动形态的使用价值,实际上就是服务劳动者的生产过程。以餐饮消费服务为例,消费者到餐厅就餐,经营者提供给客人的,除了作为商品的菜品、饮料,还有就餐环境和优良的服务。这种环境和服务具有满足客人精神需要的使用价值。同时,它也具有交换价值,也是提供给客人的一种特殊商品,只不过它是一种非实物形态的使用价值,但这并不影响它成为一种现实的使用价值。餐厅提供给客人的商品,既包括有形的菜品和饮料,也包括无形的服务，只不过这里的服务“是以活动形式提供使用价值”。现代餐饮既有物质、实物形式，又有“运动形式”。另外，餐饮服务既生产出了使用价值又实现了使用价值，它们体现在客人的消费中。

高速公路服务区本身并不能称之为产业，但构成其内部功能的部分都带有明显的服务产业特征，如餐饮、汽修、旅馆住宿等，是典型的传统服务产业。传统服务业主要是指商业、修理、理发、餐饮和其他能增进和改善人们基本需求的服务。而在一些经济发达地区，服务区的功能除了上述提到的传统服务产业项目外，还拓展了一些新的功能，如旅游、物流等，这些功能更突出了高科技知识、技术密集、现代化管理理念等特点，从而又具有了现代服务业的含义。“现代服务”是指金融、保险、旅游、信息和其他能增进和改善人们高端需求的服务。

高速公路服务区各功能区提供服务的商品属性和各种服务的产业特征，使高速公路服务区成为大量社会资源集聚地，这其中存在市场竞争、存在经济效益、存在社会效益等，也就意味着需要管理者采用科学的方法进行经营管理，采用合理的标准进行业绩考核，以更好地实现服务区的经济效益和社会效益，实现资源的优化配置。

## 二、经济属性的内在演变

即使高速公路服务区被定位为准公共物品，随着经济社会的发展，其经济属性也并非一成不变。不同时期、不同地区以及不同路段服务区所具有的准公共物品特征随着经济社会发展、车流量的变化而有所差异，表现为以下两种情况：

其一，成为侧重于公共物品的准公共物品。

这种情况多出现在高速公路发展的早期或经济欠发达地区。由于高速公路产业带和沿线经济发展带来的效益尚未得到实现，交通量较小,服务区收益欠佳,投资收益低于同期银行利率,致使投资者不愿投资这一领域。这种情况下,就会出现政府投入比例很大,社会资金投入很少甚至没有的现象,从而使高速公路服务区成为侧重于公共物品的准公共物品。

其二,成为侧重于私人物品的准公共物品。

这种情况多出现在高速公路发展进入稳定期或经济发达地区。由于交通量呈现稳定的增长态势,使服务区经济效益明显改善,使得民间资本愿意进入服务区,这在很大程度上将会减少政府对服务区基本公共服务的投入,从而使高速公路服务区成为侧重于私人物品的准公共物品。

由此可见,交通量及由此带来的服务区投资收益率是影响并决定高速公路服务区经济属性的关键因素,即该服务区或该区域服务区是侧重于公共物品的准公共物品还是侧重于私人物品的准公共物品。同时,随着交通量及由此带来的服务区投资收益率的提高,我国高速公路服务区的经济属性将逐步由侧重于公共物品的准公共物品向侧重于私人物品的准公共物品转变。

## 三、对应职责

既然是准公共物品,高速公路服务区对应的权利和义务也是明确的,即。

(1)提供基本的公益性服务。由于我国目前已建立收费高速公路和不收费普通公路两个公路体系,高速公路服务区作为高速公路的重要配套设施,其建设成本是整个高速公路总成本的一部分。因此,当车辆在进入收费高速公路的同时,即可以享有部分附加在收费公路上的服务,如停车场、公共卫生间、良好的治安环境和卫生环境等,而这些对于高速公路服务区来说是应该且必须提供的基本公益性服务，这是高速公路服务区存在的根本。

(2)维护运营所需的经营性辅助服务。为了保证准公共物品的存在及公共服务的提供,由政府提供一定数量的补贴或一定的政策倾斜是各国通用的做法。但在我国这主要集中于建设期,而在高速公路服务区的运营期,由于财政有限,国家补贴非常有限。这就促使高速公路服务区在提供免费的停车、公共卫生间、休息等基本公共服务的基础上,为了维持正常运营,而开展一定经营性辅助服务,如加油、餐饮、购物、汽修等甚至其他一些拓展项目。当然,这些经营性辅助服务的开展也是基于满足不同用户群体不同层次的功能需求。由此,通过这些辅助服务的有偿提供补偿由于提供基本公共服务而产生的运营资金缺口,从而实现高速公路服务区的正常运营和可持续发展。

# 第二章 我国高速公路服务区发展现状及趋势

## 第一节　我国高速公路服务区发展现状

伴随着我国经济社会的快速发展和政策环境的持续优化，我国高速公路经历了从无到有、从分散到逐步成网的发展过程。作为高速公路上的“驿站”和“窗口”，服务区是高速公路安全、便捷、舒适出行的保证，也是高速公路服务能力、管理水平的综合体现。服务区的建设和运营，对保障驾乘人员基本需求、提升高速公路服务水平、充分发挥高速公路经济社会效益、提高应急保障能力等方面发挥着重要的作用。

在我国高速公路服务区的发展历程中，各省（区、市）在服务区建设、管理等方面不断探索、不断创新、不断完善，积累了许多很好的经验，使得服务区基础设施建设日益完善、服务质量稳步提升。截至2016年底，我国高速公路服务区已超过2300对。服务功能从最初的满足如厕、餐饮、便利店购物、停车、加油等基本功能，发展到目前的特色餐饮、规模超市、休闲娱乐、信息服务等多业态多功能。

2013 年 5 月，中国公路学会组织对全国 20 个省（区、市）的高速公路服务区进行了数据采集调查（东部地区：天津、河北、辽宁、江苏、浙江、福建、山东、广东；中部地区：山西、吉林、黑龙江、河南、安徽、江西；西部地区：四川、重庆、陕西、甘肃、广西、青海），共获得 1119 个高速公路服务区的相关数据，其中双侧服务区 1072 个、单侧服务区 47 个。根据调查结果，我国高速公路服务区总体发展情况如下[1]。

## 一、服务区类型

根据《公路工程技术标准》（JTG B01—2014）的规定，我国公路服务设施包括服务区、停车区和客运汽车停靠站，并可结合服务区、停车区的地理位置和人文环境在服务区、停车区内设置观景台。根据服务设施配置及功能完善程度，高速公路服务区通常又可分为综合型服务区和一般服务区。

目前，全国高速公路服务区中综合型服务区、一般服务区和停车区所占比例分别为 67.38%、27.47%、5.15%。各地区综合型服务区所占比例均超过 60%，其中东部地区综合型服务区比例最高，达到 70.69%。

## 二、服务区分布

目前，我国高速公路服务区已超过 2300 对。各地双侧服务区平均间隔距离为 54.07km。其中，平均间隔距离最小的仅为 33.38km，最大的为 139.78km。从区域分布来看，东部地区的服务区密度最高，平均间隔距离为 52.4km，中部地区与西部地区的平均间隔距离分别为 53.9km 和 58.2km。

[1]《1988—2013 中国高速公路服务区发展报告》。

## 三、服务区占地面积

我国东、中、西部地区服务区占地面积差距较明显，西部和中部地区服务区占地面积明显大于东部地区，集中于每对占地120亩以上，占比超过60%，而东部服务区占地面积均集中在120亩以下，占比超过80%。

## 四、服务区设施规模

高速公路服务区必须具备一定规模的服务设施，以满足高速公路使用者的基本需求，缓解驾乘人员的疲劳、紧张状况。服务区基础设施规模包括总体规模和提供停车、休息、餐饮、如厕、加油、维修等基础功能的服务设施规模，以及免费休息区、手机加油站、饮用加水服务、驾乘人员休息点等人性化服务设施规模。我国高速公路服务区规模发展现状见表2-1。

我国高速公路服务区现状规模　　表2-1

| 项目 | 各地平均值 | 其中 | | |
|---|---|---|---|---|
| | | 东部地区 | 中部地区 | 西部地区 |
| 建筑面积($m^2$) | 7407 | 7383 | 7356 | 7481 |
| 绿化面积($m^2$) | 21011 | 20645 | 21391 | 20997 |
| 停车场面积($m^2$) | 23575 | 21736 | 25342 | 23648 |
| 加油区平均建筑面积($m^2$) | 1236 | 1143 | 1518 | 1048 |
| 卫生间建筑面积($m^2$) | 503 | 499 | 517 | 494 |
| 餐厅建筑面积($m^2$) | 1065 | 1372 | 1136 | 687 |
| 便利店建筑面积($m^2$) | 511 | 476 | 493 | 563 |

续上表

| 项　　目 | 各地平均值 | 其　　中 | | |
|---|---|---|---|---|
| | | 东部地区 | 中部地区 | 西部地区 |
| 客房建筑面积($m^2$) | 635 | 571 | 689 | 646 |
| 维修车间平均建筑面积($m^2$) | 362 | 372 | 412 | 303 |
| 免费休息区平均座位数(个) | 37 | 37 | 43 | 32 |
| Ⅵ(视觉识别)标识系统导入比例(%) | 62 | 70 | 61 | 54 |
| 安全监控服务提供率(%) | 80 | 93 | 74 | 72 |
| 手机加油站服务提供率(%) | 44 | 54 | 50 | 29 |
| 饮用加水服务提供率(%) | 76 | 75 | 68 | 84 |
| 节能设施提供率(%) | 55 | 66 | 56 | 44 |
| 驾乘人员休息点提供率(%) | 56 | 62 | 46 | 59 |

## 五、运营管理

随着各省(区、市)高速公路网的形成,各服务区运营管理单位遵照行业管理要求,按市场化经营并引入市场竞争机制,根据服务区具体情况通过招投标等形式采取了自营、承包、租赁、合作经营、BOT(建设—经营—转让)等运营模式。我国绝大多数服务区的加油站、餐厅、便利店、维修等设施采用了承包或租赁等经营方式,而停车场、公共厕所等公共设施则基本由高速公路管理部门承担日常维护工作,免费供驾乘人员使用。在保障基本的使用功能之外,个别省份在服务区增加了乘车人员换乘站、土特产商店等扩展服务,有的省份结合服务区毗邻旅游景点的优势,加入旅游服务的内容,以此增加服务区的经营收入,改善运营财务状况。

据统计[1],各地双侧服务区平均运营费用最高为2777.57万元,最

[1] 《1988—2013中国高速公路服务区发展报告》。

低为30万元,全国平均值为608.45万元。按地区划分,东、中、西部地区平均运营费用分别为628.37万元、893.60万元、222.15万元,单侧服务区平均运营费用大部分在200万元以下,其中平均运营费用最高的为829.81万元,最低的为40万元。

## 第二节 我国高速公路服务区存在的问题

伴随着我国高速公路服务区的快速发展,一些问题也逐步凸现,主要体现在以下几个方面。

### 一、服务区规模布局不合理,供给效率亟待提高

由于服务区规模布局不合理而导致的服务供给效率亟待提高主要表现在以下两个方面。

第一,服务区规模不合理,扩建土地难解决。我国自1998年起,在《公路工程技术标准》《公路建设项目用地指标》《高速公路交通工程及沿线设施设计通用规范》等标准中先后对服务区用地规模做出了规定。在2000年1月1日起开始执行的《公路建设项目用地指标》中,将综合性服务区建筑面积规定为5500~6500$m^2$,停车区建筑面积规定为1000~1500$m^2$。该规定在服务区建设的初期对于防止服务区建筑面积过大而造成资源浪费起到了积极作用,但伴随着消费者对服务需求多层次、多样化的增加,这一规定已不能适应东部经济发达地区的服务区以及中部干线高速公路上的服务区发展。2011年12月1日起执行的《公路工程项目建设用地指标》以车道数、大型车比例为计算用地规模的基本要素,对高速公路服务区及停车区用地面积进行了详细规定;并指出,经批准,服务区可与公共汽车停靠站、物流中心、公路治理超限超载站等设施合建,其设施的用地面积应单独计列,但该

标准并未考虑服务区驶入率这一关键因素及节假日出行高峰对服务区用地规模的影响。而从 2012 年以来四个免费节假日通行情况来看，免费节假日高速公路断面流量是平时的 2～3 倍，部分路段甚至更高，相当数量服务区的服务能力在这些特殊时点明显不能满足需求，社会舆论关注较高。部分服务区尤其是早期建设的服务区，希望通过扩大规模来实现功能需求满足的愿望越来越强烈，但现有标准的缺陷及目前土地价格的攀升，造成服务区改扩建征地困难进一步加大。

第二，服务区内部结构设置与功能设计不合理，影响使用效率。

在服务区内部功能布局上，停车场、厕所、餐厅等基础设施供给能力不足也是较突出的问题。这其中包括各功能区的空间布局不合理，主要表现在建筑物分布零乱、特定服务设施在服务区内的配置不足、功能分区不明确等方面。由于服务区内部结构设置与功能设计不合理，导致有的服务区便利店、餐饮等服务功能乏人问津，效益较差；有的服务区绿化面积偏大、停车场地过小；有的服务区停车场被硬化隔离设施分割得过于零碎而难以使用，还有的服务区由于交通组织流线设置不合理，车流、人流在服务区内的冲突点多，使得事故隐患多。

## 二、“以人为本”“服务民生”的理念还需进一步体现

目前，我国高速公路服务区“以人为本”“服务民生”的理念没有得到充分体现的原因主要有以下几个方面。

第一，早期建设的服务区功能还只停留在其最初形成的加油、餐饮、修车和停车等方面，难以适应广大驾乘人员和旅客对高速公路服务区服务功能日益增长的需要。

第二，相当部分服务区由于车流量较小，服务区经济效益较差，经营者更寄希望于通过商品或服务的高价格来弥补亏损，但又没有形成

消费者认可的产品品牌和服务品牌，由此导致价格越高、服务越差、消费者越少的恶性循环，使“服务民生”无从谈起。

第三，服务区工作人员流动性大，管理人员学历层次、专业素养、管理经验有待提高。此外，大多数服务区采取承包、租赁等经营模式，导致经营者更注重短期的经济效益，弱化了社会效益。

## 三、服务标准缺失，行业监管力度有限

我国已有多个省份制定了本省的服务区管理规范，但全国层面的服务区服务标准尚未建立，这导致部分高速公路服务区服务标准化、规范化程度较低，服务质量低下。究其原因，主要有以下两个方面。一是，由于我国东中西部地区经济社会发展差距较大，统一标准难以实施操作。但在全国各行各业大力提升服务的大背景下，服务标准的制定应当提上议事日程。二是，由于我国高速公路服务区尤其是经济欠发达、交通量较小的中西部地区采取承包经营模式较多，承包者多为经济实力较弱的小企业或个人，他们服务意识淡薄，缺少科学的管理制度和规章制度，加之服务区的管理部门除交通部门外还涉及公安、工商、卫生等多个部门，各部门间缺少有效的协调机制，存在重复管理和管理空白地带，交通行业行政管理部门缺少执法权，行业监管能力和力度有限。

## 四、人员流动大，人才难留

高速公路服务区工作人员流动频繁、人才难留是一个全国普遍存在的问题，也是长久以来难以解决的问题。服务区员工队伍不稳定，一方面增加了服务区运营管理企业人员培训成本支出，另一方面也不利于服务区服务质量和服务水平的提升。造成人员流动大的原因主

要是，服务区远离城区、业余生活单调、工资较低、缺乏有效的上升通道等。

此外，为了降低用工成本、规避用工风险、便于用工管理，对于保洁、保安这类工作岗位，目前相当数量的服务区在此类工种用工上采用的是劳务派遣，即服务区保洁、保安并不与服务区经营单位签订劳动合同，而是与劳务派遣单位签订劳动合同。由于技术含量低，此类岗位员工多为劳务派遣公司在当地农村招聘，年龄较大、文化程度偏低，对于服务区提出的服务质量要求理解能力有限，导致服务水平难以提高。

## 第三节　我国高速公路服务区发展经验

三十年来，我国高速公路服务区从无到有，从 1988 年的第一对发展到 2000 余对。服务功能逐步完善，从业人员达数十万人，年消费需求 2000 多亿元，取得了瞩目的成绩。服务区运营发展的成功经验主要有以下几方面。

### 一、在保证基本功能的基础上，不断丰富服务内容，实现服务民生

各地结合自身实践探索，延伸服务区功能，一些服务区增设医疗救护站、快餐店、信息查询、应急保障、微笑服务、运输接驳服务等内容，进一步向人性化的方向深化发展。武黄高速公路鄂州所设置医疗救护站，大大缩短了事故中受伤人员的送院抢救时间。浙江省的诸暨服务区、湖北省的孝感服务区与地方医院等医疗机构进行战略合作，引进社区医院工作模式，形成服务区医务室。辽宁省在长深、沈吉等

高速公路的22个服务区设置了44台电子触摸屏，可查询路况信息、路网信息、气象信息、服务区停车信息、维修救援、收费标准、政策信息等。此外，很多服务区增设自动存取款机、互联网服务、电玩、动漫天地、KTV、儿童游玩区、母婴室、休闲咖啡吧、健身区、高端主题餐饮、地方风味小吃、自助餐厅、特色餐厅、酒店、钟点宾馆、浴室、桑拿、足疗、商务中心等功能，不断丰富服务内容。

## 二、充分利用服务区区位优势，扩大服务区窗口和平台功能，实现服务区可持续发展

服务区交通区位优势明显，高速公路窗口地位突出。我国已有一部分服务区探索和后方经济腹地相融合，实现可持续发展。如江苏省阳澄湖服务区利用地理优势在服务区引入阳澄湖大闸蟹特色餐饮，现已打造成集休闲、娱乐、餐饮为一体的综合度假村；浙江省嘉兴服务区通过与五芳斋强强联合，仅嘉兴粽子一个品牌的年利润就有千万元之多；山东省德州服务区现已成为全国最大的德州扒鸡批发集散地，收益也颇为可观。除此之外，一些服务区依托区位优势与交通条件发展物流中转站，充分利用自身资源，通过与运输企业的业务整合，实现优势互补，共同拓展物流领域业务，在取得经济效益的同时，促进了物流行业的发展。如浙江省台州天啸物流有限公司根据市场需求，与上三高速天台服务区"联姻"，充分运用高速公路资源优势，推出物流服务项目，为过境车辆提供卸货、配货服务，为台州境内提供优质配送服务等。

## 三、适应信息化发展潮流，强化智能化管理手段，提高服务质量

一些服务区引入信息化智能化手段，结合高速公路交通信息服务

平台和信息化系统建设，加强了人、车、路、环境等各交通要素之间的联系，有效改善路网的运行状况，提高道路有效利用率和交通流量，减少道路的交通拥挤程度和交通事故的发生率，降低油耗、减少废气排放，提高了高速公路的整体服务水平。如江西省永武高速公路西海服务区建设的基于触摸屏的出行者交通信息服务系统，通过将热线电话嵌入基于触摸屏的出行者交通信息服务系统，实现了热线电话96122的直播，并实现了永武高速公路动态交通信息的实时查询和动态展示，为出行人员查询出行信息提供服务。

## 第四节　我国高速公路服务区发展趋势

随着我国高速公路网的形成并日趋完善，服务区在高速公路中的地位和作用越来越重要。综合分析世界各国高速公路服务区的发展和我国服务区管理的实践，高速公路服务区在运营管理方面将呈现以下发展趋势。

1. 规模化

参照酒店管理公司、物业管理公司的体制和机制，走集约化经营的道路，把一条路或一个区域路网上单体经营的服务区，以资产关系或行政关系组建一体化的经济实体。将服务项目统一经营、统一管理，实现网络化、快速化，最大限度地满足高速公路高速、安全、快捷的需要，实现公路资产运营的高效和创新，是未来公路服务区发展的重要方向。

2. 专业化

专业化是近十年来公路服务区经营管理呈现的新趋势。目前国内已有多个省份的高速公路服务区是由专业化的高速公路服务区专营公司进行管理,如广东通驿、安徽驿达等。高速公路服务区专营公司经授权向高速公路服务区提供餐饮、便利店、住宿、加油、汽车修理、广告等服务,并对有关业务和资产实施一体化经营,这不仅有利于保证高速公路服务区的服务质量,而且极大地提高了运营的效率,降低了管理成本。

3. 信息化

随着公路交通事业的蓬勃发展,信息化逐渐进入高速公路服务区,如电子监控、电子收款 POS 机系统、电子显示屏信息发布等项目。信息化一方面为管理者提供高效、快捷、先进的管理手段,另一方面也为广大驾乘人员提供便捷、高效的服务,从而提升高速公路的整体服务能力和服务水平。

4. 功能群化

目前,我国服务区功能已由最初的休息、餐饮、加油向综合开发方向发展,具有极大的潜力。随着需求外延的扩大,下一步综合开发和多元化经营主要是充分利用高速公路路产及沿线旅游资源、物产资源,从事仓储、联运、旅游、广告、信息咨询等多种项目经营。结合高速公路服务区的特点,服务区可开发快速客运中转站、小件运输中转站、城市领航员、超限运输监测站等相应的服务功能。多种功能聚集,使高速公路服务区成为小区域内经济活动的集中地,服务区的功能逐渐呈现功能群化特征。

5. 生态化

随着人们生活品质和消费能力的提高,高速公路服务区提供的基本服务,如停车、如厕、超市等已不能满足人们的需求,特别是在经济发达地区,“生态服务区”建设成为服务区发展的趋势。服务区的生态化建设，将主要从服务区的绿化、污水处理、垃圾处理以及节能等几个方面实施，如加大服务区的绿化覆盖面积、减少水资源的耗费以及生活用水和污水的科学处理、在建设过程中注重选用节能材料等。

6. 服务品牌化

现代服务区的概念已经有了很大变化，消费者的消费观念已经从单纯满足基本需求转向享受消费的快乐，包括注重消费品的内在质量、外观包装、文化内涵。在新的消费理念推动下，越来越多的服务区开始实施品牌战略，引入消费者容易接受的品牌（如麦当劳、肯德基），甚至逐渐开始有了自创品牌。服务区通过品牌化战略的建设，可以一改以往众人眼中高速公路服务区服务水平偏低、服务项目偏少、服务设施不全的形象，有利于促使过往的旅客变"被动消费"为"主动消费"。

# 第三章

# 高速公路服务区供需分析

## 第一节　需求分类

高速公路服务区提供的所有服务均应是围绕满足驾乘人员和旅客行驶中的生理需求、车辆正常运行和安全运行而展开，其最终目的都是为了更好地服务于人员出行和车辆行驶，并使服务区更好地运营发展。但这并不意味着服务区可以不分层次地具备满足不同层次需求的所有功能，由此，应对人员和车辆对服务区服务的需求进行层次梳理。

### 一、基本需求

（一）人的基本需要

驾乘人员是服务区服务的最基本单元之一，因此长途行驶的驾乘人员生理需求是服务区首先需要满足的基本需求，对应的服务区功能区即公厕，但不仅仅是公厕这样一个硬件设施，还应包括卫生整洁、高效等软环境。

（二）车的基本需求

车辆则是服务区服务的另一个最基本单元。长时间的高速行驶，旅客、驾乘人员在满足生理需要的同时，车辆同样也需要停放的场地，对应的服务区功能区即停车场。停车场不仅仅是停车所需的场地，还应保证停车场的照明、停车场停车的安全。此外，长途行驶的车辆油料消耗巨大，为了避免车辆缺油抛锚，服务区需要设置加油站。

## 二、延伸需求

（一）人的延伸需求

高速公路长途出行中，除了如厕基本需要，旅客、驾乘人员还可能有餐饮、抽烟、下车小憩、购物等需要，对应的服务区功能区则是餐厅、超市，这期间既涉及服务品种的多样性也涉及服务质量的高低。此外，作为服务区重要的软环境，视觉景观效果有利于消除驾乘人员和旅客的视觉疲劳，使其身心愉悦，提高驾驶员后续驾车反应能力，也能使旅客间关系更融洽。国外高速公路服务区非常重视景观设计，经常通过设置小型景观和观景台提高服务区整体效果，而此举也得到了出行者的高度好评。目前，国内服务区在此方面还处于非常初级的阶段，通常以绿化率作为参考指标，但也有部分服务区尤其是东部地区发达省份服务区在尝试服务区的小型景观设计，并尽量与服务区周边景观相结合，由此形成其服务区的亮点，以此提高服务区服务品质，吸引更多的常客。

（二）车的延伸需求

在高速公路上行驶过程中存在诸多的不确定因素，车辆难免出现故障而需要修理，由此对应高速公路服务区的汽车修理服务。

## 三、拓展需求

拓展需求是服务区基本需求和延伸需求基础之上更高层面的需求。

（一）安全应急救援与抢险救灾需求

高速公路服务区良好的连通性使其在紧急情况时可以此为基地对沿线进行救援，欧洲国家在部分高速公路服务区设置直升机停机坪，随时准备对交通事故及周边区域的紧急情况进行救援。2007 年在我国广东、湖南等省高速公路沿线发生的冰冻雨雪灾害中，高速公路服务区成为受困群众的避难所、生活必需品供给中心。目前，已有部分省份在个别高速公路服务区设立直升机停机坪以应对突发事件，满足安全应急需求。如 2009 年年底，湖北省首家高速公路医疗急救点在黄黄高速公路界子墩服务区成立，黄黄高速公路若发生重大突发事件，医疗急救工作人员将在高速巡警和路政人员配合下开展现场救援。直升机可直接停在服务区，将重伤员运至武汉指定医院就诊。湖北省还规划另设五个高速医疗救护站点，分别在京珠高速武汉西管理所、赤壁服务区、孝感服务区，武黄高速鄂州管理所，黄黄高速英山服务区。重庆市发改委 2014 年 5 月完成的《重庆市低空经济发展战略研究》中明确，将在国家干线高速公路选择 50 个重要服务区布局固定直升机起降点，用于抢险救援、应急空中转运等。此外，应急物资的储备也是服务区安全应急需求的重要内容之一。

### （二）服务地方经济发展需求

近年来，伴随着经济社会的发展，高速公路服务区以其优越的交通区位和持续增长的人流量，越来越被社会关注，地方政府和经济实体就是其中重要的成员之一。2016 年 7 月作为我国的交通大省，山东省首开先河，在人民政府办公厅层面出台了《关于进一步提升我省高速公路服务区服务水平的意见》（鲁政办发〔2016〕34 号），其中对高速公路服务区赋予了新的内涵，即“发挥高速公路的辐射带动作用，促进经济社会持续健康发展”，将高速公路服务区的地位提升到一个新的高度，即带动地方经济增长的重要节点和前置展示平台。这在东部经济发达地区表现得更为突出。目前，东部地区及部分处于重要交通区位和经济区位的高速公路服务区在新建和改扩建之初，就关注与当地经济社会发展的融合，充分考虑满足地方经济发展的需求，通过与包括自然景观、土特产品等地方资源的充分结合实现服务区与地方的“共赢”。同时，高速公路服务区推出旅游服务及产品的开发与销售、土特产销售、旅客集疏配客、物流仓储配送等多种形式的服务，更好地满足高速公路使用者的多元化需求。

## 第二节　典型省份服务区需求调查分析

为了掌握全国高速公路服务区需求现状以及出行者对使用服务区的感受，交通运输部科学研究院于 2014—2017 年开展了东、中、西部典型省份服务区使用者问卷调查，其中东部地区为辽宁省、江苏省、山东省，西部地区为陕西省和内蒙古自治区，中部地区为河南省，并在上述六省区累计发放使用者调查问卷 1840 份，回收有效问卷 1485 份，样本有效率达到 80.7%。

## 一、典型省份服务区驾乘人员调查

### (一)使用者基本情况

1. 年龄

调研数据显示,东、中、西部典型省份高速公路服务区使用者年龄均主要集中于30~50岁,以中青年居多,占比40%~55%,其次为30岁以下人群,占比25%~45%,50岁以上最少。

2. 学历

调研数据显示,东、中、西部典型省份高速公路服务区使用者整体学历水平接近,均以高中水平占比最高,为40%~50%,大学本科学历次之,占比20%~45%,再次为高中学历,占比10%~35%,初中以下学历者低于5%。

3. 职业

调研数据显示,东、中、西部典型省份高速公路服务区使用者的职业以货车司机、企业人员、公务员事业单位人员为主,这三者累计超过70%,其中,东部地区货车司机占比较高,为25%~40%,中西部企业人员占比较高,为15%~30%,公务员事业单位人员占比第三,为15%~25%,第四为农民,为5%~10%,最后为学生,占比5%左右。

4. 出行目的

调研数据显示,东、中、西部典型省份高速公路服务区使用者除货车司机外,被调查者出行目的中,东部三省公务/商务出行占比最大,为25%~40%,其次为旅游,占比20%~30%,再次为探亲访友,占比

15%～25%。西部和中部省份出行目的最多的为旅游，占比35%～45%，其次为公务/商务，占比25%～30%，探亲访友的人数比例相对不高，为10%～15%。可见经济发达程度对人们的出行目的产生了较大影响。

### （二）服务区使用者需求调查

#### 1. 一年内来服务区的次数

调研数据显示，东、中、西部典型省份高速公路服务区使用者一年内大都多次经过服务区，以5次以上者最多，占比35%～55%，其中江苏省、山东省5次以上者超过半数，这主要是由于经济更为发达，社会往来更为频繁，内蒙古自治区相对较低，集中在2～5次。一年内只经过服务区一次，占比仅为5%～15%。

#### 2. 选择服务区的主要原因

调查数据显示，东、中、西部典型省份高速公路服务区使用者选择服务区的主要原因仍以基本需求为主，即如厕、停车休息和加油，占比分别为45%～85%、35%～60%、30%～45%。除上述三点外，此次调研中因为服务区整体服务较好选择服务区的比例位列第四，占比15%～45%，再次为餐饮、自然景观和特色商品。

#### 3. 最常使用的服务设施

调查数据显示，东、中、西部典型省份高速公路服务区使用者最常用的服务设施依次为：卫生间，占比75%～90%；加油站，占比50%～70%；开水房，占比40%～60%；停车区，占比30%～60%；餐厅，占比35%～70%；超市，占比25%～60%；住宿，占比5%～20%；汽修，占比5%～20%；交通信息咨询，占比10%以内。

4.服务区的整体评价

调查数据显示,东、中、西部典型省份高速公路服务区使用者对服务区整体评价结果均较高,超过80%的人对服务区评价为满意或非常满意,其中认为满意的占比最高,达到35%~50%;认为不满意的占比非常低,不足1%。同时,总体来说中西部地区使用者对服务区间距和整体满意度高于东部地区,这反映出经济发达程度与人们需求多元化呈正相关。因此,服务区要获得使用者更加满意,难度也越来越大。

5.服务区间距

调查数据显示,东、中、西部典型省份高速公路服务区使用者中绝大部分认为服务区间距适中,能够满足需求,其中,东部两省认为间距较大的占比较中西部偏高,前者占比10%~15%,而后者仅为5%~10%,但实际上东部地区高速公路服务区间距较中西部小。这说明经济社会越发达使用者对服务的质量要求越高。

6.服务区卫生间

调查数据显示,东部和西部使用者认为服务区厕所最大的问题是,蹲位不够、排队现象严重,卫生条件较差、打扫不及时,占比分别为45%~70%和15%~40%。其中东部地区的江苏省使用者反映,问题突出的主要原因在于服务区厕所规模不足,同时内部设置不合理。

7.服务区停车场

调查数据显示,东部三省使用者认为完全满足或正好满足停车需求的人均超过60%,接近1/4的人认为停车场有点拥挤,还有超过7%的人认为停车场很拥挤。而西部和中部三省认为完全满足或正好满足停车需求的人均超过80%，其中河南省和内蒙古自治区达到90%以上。

8. 服务区餐厅

调查数据显示，物不美、价不廉、规模小、排队现象严重、营业时间过短是东、中、西部典型省份高速公路服务区使用者对服务区餐饮普遍最不满的地方，占比分别达到40%～60%、35%～65%和5%～30%。这一问题在中西部地区反映得尤其突出，主要原因是中西部地区高速公路车流量较小。这一方面使经营者无法提供更多的菜品，同时承包的经营模式也使商家为了能够收回承包费并获得较多的盈利抬高了商品价格，这其中既有客观原因，也有管理层面的主观原因，但总体而言反映出餐厅服务在供给方面还与使用者的预期相差较大。

9. 服务区加油站等待时间

调查数据显示，东、中、西部典型省份高速公路服务区使用者在加油站的等待时间以10分钟之内为主，占比超过70%，其中5分钟以内和5～10分钟的占比均为30%～45%。等待时间超过30分钟的使用者比例较少，东部比例相对较高，为5%～10%，中西部地区低于5%。

10. 最不满意的地方

调查数据显示，商品和服务价格高是东、中、西部典型省份高速公路服务区使用者最不满意的地方，其中认为超市、餐厅及汽修价格高的占比分别为25%～55%、20%～45%和15%～40%。其次分别为缺少服务人员，占比25%～35%；开水供应不足，占比15%～30%；停车区混乱、车位不足，占比15%～25%；卫生间脏乱差，占比10%～25%；加到劣质汽油、柴油供应不足，占比5%～20%；没有投诉途径或回复不满意，占比5%～15%。

11. 还希望提供的服务

六个省份使用者对于免费 Wi-Fi(无线网)和取款机的需求量较高,均接近或超过 50%,在西部地区这两项的需求占比尤其高,几乎都在 70% 以上;其次为临时休息、交通信息查询和基本应急医药,占比分别为 15% ~45%、15% ~35% 和 15% ~25%;同时 ETC(不停车电子收费系统)充值点、洗车房、土特产销售、旅游气象资讯等需求也呈现增加趋势,占比 5% ~20%。另外,随着经济的增长和消费快速升级,还出现一些新的需求,如儿童游乐区、高端商品展示区、电动车充电桩等,虽然现在需求还较低,但未来空间较大。

## 二、典型省份服务区交通量调查

### (一)高速公路断面流量

调查结果显示,东、中、西部典型省份高速公路服务区对应的主线路段断面交通量集中于 0 ~5000 辆/日(双侧),占比 30% ~65%,其次为 5000 ~10000 辆/日(双侧),占比 15% ~35%。江苏服务区的主线路段交通量相对较大,其中日均 10000 辆以上的服务区占比约 40%。

### (二)平时驶入服务区车辆数

调查结果显示,东、中、西部典型省份高速公路服务区驶入车辆数集中在 3000 辆/日以内(双侧),占比近 90%,其中小于 1000 辆/日和 1000 ~3000 辆/日的占比接近,均为 35% ~50%;其次为 3000 ~5000 辆/日,占比 5% ~15%;驶入量大于 5000 辆/日的服务区较少,为 5% 以内。

（三）周末驶入服务区车辆数

调查结果显示，周末期间东、中、西部典型省份超半数的服务区驶入车流量会增加，增加幅度主要集中在0～30%。其中辽宁近90%的服务区驶入车流量增加，且增幅明显较其他五省高。除江苏、内蒙古自治区外，其他各省所调查的服务区中均未出现周末驶入车流有所减少的情况。而增幅除内蒙古自治区达到30%～50%外，其他省份都集中于30%以内。

（四）免费节假日驶入服务区车辆数

调查结果显示，免费节假日期间东、中、西部典型省份节假日期间驶入服务区的车流量增加较明显。被调查的所有服务区的驶入车流量均有增加，增幅集中于50%以内的最多，达到10%～50%；其次为增幅50%～100%，占比10%～40%，内蒙古自治区达到70%以上。六个典型省份中，辽宁省和陕西省驶入服务区车辆数增幅最大，增幅超过200%的分别达到61.40%和38.24%。一方面是由于原有驶入车辆数基数较低，另一方面是对应的服务区多为旅游景点及区位突出的综合服务区。

（五）驶入率

调查结果显示，东、中、西部典型省份服务区车辆驶入率主要集中在0～30%，占比60%～90%，其中除江苏省、内蒙古自治区占比达到86.67%和83.33%外，其他典型省份占比集中于60%～75%。

（六）车型结构

调查结果显示，在驶入服务区的车型结构中，20%～45%的服务区小客车占比在30%～50%内;30%～65%的服务区货车占比在30%以内;90%以上的服务区大客车占比在30%以内。这六个典型省份中,江苏省高速公路服务区的小客车比例最高,服务区小客车占比50%～80%的达到63.38%,而内蒙古自治区服务区的小客车比例最低,服务区小客车占比不到30%的高达78.95%。可见经济越发达,小客车占比越高。

## 第三节　典型省份服务区供给调查分析

交通运输部科学研究院于2014—2017年开展了东、中、西部典型省份服务区管理者问卷调查(东部地区:辽宁省、江苏省和山东省;西部地区:陕西省和内蒙古自治区;中部地区:河南省)。六省区累计发放管理者调查问卷311份,回收有效问卷311份,样本有效率为100%。以下供给分析主要基于服务区管理者调研。

### 一、服务区从业人员基本情况

(一)性别

关于服务区主任/经理的性别,东、中、西部典型省份差异不大,均以男性为主,占比80%～90%,女性比例较低。

(二)年龄

关于服务区主任/经理的年龄,东、中、西部典型省份服务区经理/主任的年龄均以中青年为主,35～55岁者最多,占60%～70%。其中西部地区典型省份——陕西省服务区主任/经理以35岁以下年轻人比例最高,为31.25%。东部地区典型省份——辽宁省服务区主任/

经理以 55 岁以上的中年人比例最高，为 17.54%。

### （三）工作年限

关于服务区主任/经理的工作年限，东部地区辽宁省、江苏省、山东省，中部地区河南省的服务区主任/经理在服务区的工作年限较长，60%以上为 5 年以上。西部地区陕西省服务区主任/经理在服务区的工作年限相对较短，5 年以内的超过 60%。

### （四）担任主任/经理年限

关于担任服务区主任/经理的工作年限，东部地区辽宁省、江苏省、山东省，中部地区河南省的服务区经理/主任在服务区任职的时间超过 3 年的居多，达到 60%以上；而陕西服务区管理者相对较短，任职在 3 年以下的人数超过 50%。

### （五）最终学历

关于服务区主任/经理的受教育程度，东、中、西部典型省份服务区主任/经理最终学历均集中在大学本科和大专，超过 90%，其中辽宁省服务区中专以下学历者最多，为 8.93%，江苏省服务区硕士以上学历者最多，达到 4.76%。

### （六）所学专业

关于服务区主任/经理所学专业，东、中、西部典型省份服务区主任/经理所学专业以经济管理类为主，占比为 60% ~70%，交通运输专业占比较低，仅陕西省超过 10%，达到 12.12%。

### （七）从业人员数量

关于服务区从业人员数量，东、中、西部服务区从业人员主要集中在每对50～100人。其中,东部典型省份——江苏省服务区从业人员平均比例最高,人员数量在100以上的服务区达到50.6%。中部的河南省和西部的陕西省从业人员在50以下或100以上的服务区数量相近,为25%～30%。

## 二、服务区供给调查

### (一)总体供给情况

总体来说,东、中、西部典型省份60%以上的服务区供给能够基本满足正常需求,但东部地区典型省份拥挤程度高于中、西部典型省份,前者拥挤和较拥挤累计占比为25%～41%,后者仅为10%～20%。

### (二)服务区与城市的距离

调查结果显示,东、中、西部典型省份服务区在位置的选取上距离最近的地级市呈现两极化特征,即主要集中于30km以内和50km以上,占比分别为25%～50%和25%～65%,其中东部地区两个典型省份服务区与最近的地级市距离明显小于中西部典型省份,这一因素对于服务区的驶入率影响较大。

### (三)停车场供给

调查结果显示,东、中、西部典型省份50%以上的服务区停车场能够基本满足正常需求,但东部地区典型省份拥挤程度明显高于中、西部典型省份,前者拥挤和较拥挤累计占比为25%～50%,后者仅为15%～20%。

### （四）公厕供给

调查结果显示，东、中、西部典型省份55%以上的服务区公厕能够基本满足正常需求，但东部地区典型省份拥挤程度明显高于中、西部典型省份，前者拥挤和较拥挤累计占比为25%～45%，后者仅为5%～25%。

### （五）便利店供给

调查结果显示，便利店供给情况好于停车场和厕所。东、中、西部典型省份60%以上的服务区便利店能够基本满足正常需求，东部地区典型省份拥挤程度略高于中、西部典型省份，前者拥挤和较拥挤累计占比为15%～45%，后者仅为15%～30%。

### （六）餐厅供给

调查结果显示，餐厅供给情况较好。东、中、西部典型省份65%以上的服务区餐厅能够基本满足正常需求，东部地区典型省份拥挤程度略高于中、西部典型省份，前者拥挤和较拥挤累计占比为10%～35%，后者仅为15%以内。

### （七）加油站供给

调查结果显示，加油站供给情况较好。东、中、西部典型省份65%以上的服务区加油站能够基本满足正常需求，东部地区典型省份中除江苏省拥挤程度略高外，拥挤和较拥挤累计占比超过30%，其他两个典型省份加油站的供给都比较宽松，宽松和较宽松累计占比10%～35%。

(八)汽修供给

调查结果显示,汽修供给情况较好。东、中、西部典型省份70%以上的服务区加油站能够基本满足正常需求,东部地区典型省份中除江苏省拥挤程度略高外,拥挤和较拥挤累计占比接近30%,其他两个典型省份汽修的供给都比较宽松,宽松和较宽松累计占比15%~35%。

(九)重大节假日免收小型客车通行费期间供给

在免收通行费节假日期间,东、中、西部典型省份服务区的供给能力明显下降,东部地区典型省份服务区管理者认为不能满足需求的比例上升至15%~55%,而中、西部地区典型省份则上升至25%~35%。

(十)认为合理的服务区规模

调研数据显示,东、中、西部典型省份服务区管理者认为合理的服务区规模区间首先应为120~200亩,其次为80亩以下,再次为200亩以上。其中,中、西部地区服务区管理者对于服务区规模的预期明显高于东部地区。同时,东部地区的江苏省和中部地区的河南省对于服务区改扩建的预期更为强烈,占比65%~75%,而辽宁省、陕西省和内蒙古自治区明显较低,仅为40%~50%。究其原因,除了江苏省服务区建设较早、早期规模较小外,江苏、河南两省位于我国运输大通道的中部,过境交通量较大、车流量增长较快也是重要原因。

(十一)预计改扩建时间

对于改扩建时间的预期,东部、中部地区典型省份相对紧迫,计划在3年以内改扩建的占60%~90%;西部地区典型省份陕西省为53.85%,内蒙古自治区被调查服务区经理均认为3年以内无改扩建需求。

（十二）其他服务供给

在客运和货运方面，除了个人，还有部分运输企业有意向、有需求开展相关活动。客运方面，东、中、西部典型省份35% ~70%的管理者认为应该设置相应的长途班线配客点。货运方面，目前东、中、西部典型省份计划建立物流仓储服务的较少，河南省（45.56%）和内蒙古自治区（25%）需求相对较大。但未来在服务区提供客运和货运服务还是有较大空间的。

## 第四节　高速公路服务区供需思考与启示

### 一、尝试高速公路服务区常旅客计划

调查数据显示，近7成的被调查者一年内至少3次以上经停服务区，其中经过次数以5次以上者最多，达35% ~55%。究其原因，一方面很大程度上由于目前私人轿车拥有量增加迅速，轿车出行需求越来越大；另一方面经济社会的发展将使经济社会往来越来越频繁。鉴于此，可以尝试在流量较大的线路开展常旅客计划。

常旅客计划（Frequent Flyer Program）是指航空公司、酒店等行业向经常使用其产品的客户推出的以里程累积或积分累计奖励为主的促销手段，是吸引商务旅客、提高公司竞争力的一种市场手段。对服务区而言，该计划中的优惠和折扣在一定程度上能够吸引对价格较敏感的使用者，如货车司机、非公务出行者等，从而稳定客源，提高服务区效益，同时此做法也是广大使用者对服务区价格过高的一种积极反馈，此外还响应了交通运输部服务民生、提升高速公路服务区服务的

精神。该计划的关键点主要有两点:其一,常旅客计划所需的一套常旅客信息系统;其二,参与该计划的服务区折扣的一致性。服务区餐厅多为原单位员工承包经营,便利店又有相对单一的商家,因此折扣相对容易一致。折扣不意味着服务质量的下滑,尤其是餐饮板块,要保证折扣前后餐品数量和质量一致。

## 二、集中针对卫生间"脏、乱、差"开展专项治理行动

调查问卷显示,使用者对服务区整体评价结果较高,这意味着我国高速公路服务区整体管理已经达到一个较高水平,管理效果已被社会认可。但成败在于细节,要将服务提高到一个更高的层次,必须从细节着手。作为高速公路服务区最常用的服务设施——服务区公厕的不足之处主要为蹲位不够、排队严重、卫生条件较差、打扫不及时、洗手池经常缺水或损坏严重等。

这一问题在全国都比较普遍,解决途径主要有两个:其一,扩大厕所总体规模;其二,优化男女厕位比例。在优化男女厕位比例方面,据国内某调查机构的研究结果表明,两性小便时在厕所中的平均停留时间,男性为 39 秒( ±6 秒),女性为 89 秒( ±7 秒),即女性的如厕时间平均为男性的 2.3 倍。而目前国内男厕和女厕面积基本上对半设计,大便器个数也基本相同,而由于男厕设置了女厕没有的小便器,男厕实际能容纳的人数远大于女厕。因此,建议在考虑男女如厕时间等因素基础上优化男女厕位比例。

根据《城市公共厕所设计标准》(CJJ 14—2005)3.1.8 条:"公共厕所应当适当增加女厕的建筑面积和厕位数量。厕所男蹲(坐、站)位与女蹲(坐)位比例宜为 1:1 ~2:3"。

## 三、基于使用者需求，有针对性地增加相应服务内容

调查问卷显示，在服务区现有设施基础上，被调查者对服务区能够提供取款机、免费无线网络、ETC 充值点、基本应急医药、临时休息、长途客运候车服务、交通信息查询的需求较大。鉴于此，建议在条件允许的情况下有针对性地逐步增加相关服务，以便更好地服务于广大使用者。

## 四、抓住服务区改扩建契机，合理扩大服务区规模，优化内部功能布局，完善服务设施设备

作为基础设施，服务区一经建成就难以进行大的改动，而据调查问卷显示，东、中、西部地区典型省份50%以上的服务区预计在3 年以内进行改扩建，东中部更为迫切，达到 60% ~90%。因此，应抓住服务区改扩建的契机，将广大使用者反映较多的规模较小、设施设备不足、老旧、内部布局不合理等问题集中统一处理，从而通过扩大服务区规模、优化内部功能布局、完善服务设施设备提升服务区服务质量。

# 第四章

# 高速公路服务区管理体制

## 第一节　国外高速公路服务区管理体制

国外高速公路服务区发展时间较长，发达国家和地区在确保高速公路服务区运营管理方面积累了较丰富的经验。由此，本书将通过对美国、英国、德国、韩国的高速公路服务区管理体制现状展开分析，进而得出有益启示。

### 一、管理体制

1. 韩国——政府“三统一”管理[1]

韩国高速公路服务区称为休息站，由韩国建设交通部投资并掌握管理权，进行建设、维护，服务区经营则由公营企业韩国道路公社统一负责。高速公路服务区更是兼具休闲、娱乐、购物等功能，已适应多数韩国家庭节假日全家出游途中各方面的需求，大货车有单独停车区域(另有大货车专用服务区，服务项目更多)。服务区里可以有多家加

[1] 张玉奎. 你不知道的韩国服务区[J]. 中国高速公路，2015(6).

油站开展竞争,服务区里也有路边水果店,客观上平抑了服务区超市价格。以韩国为代表的一些国家对高速公路服务区实行“三统一”管理,即统一规划、统一设计、统一管理,实行自己经营+合作经营+租赁经营的多元化经营模式。

2. 美国——政府建设运营管理为主[1]

在美国,大部分高速公路服务区由州政府和州交通局运营和管理。这些政府运营的服务区都会提供停车位和厕所这两种最基本的设施,部分服务区还提供游览信息、自动售货机和野餐位等其他服务设施。政府不允许私人经营的服务设施直接建在高速公路出入口附近,一般由私人经营的服务设施都应有相应标识提前引导,需要在驶出高速公路之后再行驶一段路程后才能到达。据2012年统计共有1500万出行者经过美国爱荷华州高速公路,路段中拥有政府运营的服务区40个,其中39个服务区全年24小时开放,提供包括普通车位、残疾人车位、大货车车位、厕所、野餐位、宠物活动区、游客信息、电话、自动售货机(36个拥有)和无线网络服务。除此之外,这些路段中还有228个能提供类似服务的可替代性服务区(ASLs)。在建立州际高速公路之前,美国许多州曾建立过它们自己的长距离城间收费公路。大部分收费公路的运营者将服务区的设施租赁给私有商业。如宾夕法尼亚州将这些服务区中的加油站租给Pennsylvania-BasedSunoco,将餐饮设施租给Howard Johnson's Franchises,其余的设施租给HMSHost,各部分分别由这些私有商业运营。

3. 英国——私人建设运营管理为主

在国外高速公路服务区建设中,相对较典型的要属英国高速公路

[1] 石东浩,周江. 国内外高速公路服务区比较[J]. 中外建筑,2013(7):51-55.

的牛津服务区与西欧各国的高速公路服务区。在英国,大部分服务区提供加油、休息和饮食服务,配置有快餐店、饭店、零食商店,如 Marks and Spencer;咖啡店如 Costa Coffee;有些服务区还配有旅馆设施,如 Travelodge。牛津服务区的特点之一就是服务项目是全英连锁经营,例如餐饮、旅馆、加油站都是由英国一家公司投资。同时服务区中最重要的休息消费场所也达到尽善尽美。这样一个完善的服务区当然会被称为现代高速公路体系成熟的标志,同时也是英国服务业的一个缩影。另外,西欧高速公路服务区具有的特点是功能全、自动化程度高,尽管各服务区的布局不同,但功能大体一致,比如加油、超市、厕所、修车、餐厅、住宿等。

1992 年之前,英国交通局通过土地获取、工程资助将建成的站点租赁给运营的公司来实现服务区的建设发展。自 1992 年之后,私有部门承担了站点选址、土地获取和从地方规划部门(LPAs)获取规划许可的责任。高速公路部门为地方规划部门在交通安全和管理方面提供相关意见支持。服务区的经营者必须服从政府的政策要求,也包括定价和员工管理。政府规定所有服务区必须提供:所有类型车辆 2 小时内免费停车、免费厕所和洗手设施、收费电话、残疾人设施、全年 24 小时服务。

## 二、启示

### 1. 政府统一规划、设计、建设

上述发达国家除了英国以外均由国家统一规划、设计、建设,但即便在英国,私有部门也必须从地方规划部门(LPAs)获取规划许可。政府统一规划、设计、建设服务区的做法能够使服务区与高速公路做到规划和建设的统一，从而保证服务区布局规划的合理性以及提供服务的品质优良。

2. 运营以承包、租赁为主，但政府监管服务质量

在服务区运营方面，上述国家以承包、租赁为主，这样做的优点在于一方面降低了政府的管理成本，另一方面也保证了服务的多样性。因为经营者较之政府对市场需求更为敏感，同时对于成本控制较之政府也更为精细，这种灵活的运营方式能够更好地满足使用者的需求。为了避免经营者对于经济效益的过分追逐而造成使用者利益损害，政府通过签订合同对经营者提供的服务进行监管，从而保证服务质量。

3. 服务区功能更趋于人性化、服务内容更丰富

上述发达国家服务区在提供服务方面，除了提供基本的加油、如厕、便利店外，服务功能的设计更趋于人性化，如残疾人无障碍通道、宠物活动区、野餐位、浴室等的设置。服务内容更为丰富，如游客信息查询、自动售货机、无线网络服务。在韩国高速公路服务区更是兼具休闲、娱乐、购物等功能，以适应多数韩国家庭节假日全家出游途中各方面的需求。

4. 与地方经济的联系与融合更加紧密

伴随着使用者需求的逐步转变，即从如厕、加油等基本需求向休闲、旅游、美食等多层次需求的转变，服务区在发展过程中也逐步地加快了与地方经济的融合，并通过进一步引导和满足使用者对服务区所在地区的特色景观、物产和文化的消费，实现服务区与地方经济的良性互动，从而有效提高服务区的经济效益和社会效益，实现服务区可持续发展。

# 第二节　国内高速公路服务区管理体制

## 一、管理体制

目前，国内典型的高速公路服务区管理体制主要有以下几种[1]：

1. 专业化服务区公司管理

该模式主要以广东省和安徽省为代表。作为广东省交通集团授权在全省范围内对集团独资或控股的高速公路服务区实施规划、建设、经营管理一体化的连锁经营企业，广东通驿高速公路服务区有限公司是广东省全省最大的高速公路服务区专业化经营管理公司，管理服务区数量占全省70%以上。服务区公司与高速公路公司之间为契约关系，即服务区公司每年通过向高速公路公司缴纳一定数量费用获得服务区的经营权，且在运营管理上实行一体化发展战略，通过优化组合服务区资源，实行专业化经营，提高专业经营能力，积极参与市场竞争，扩大市场占有率，从而实现公司可持续发展。该模式的组织架构见图4-1。

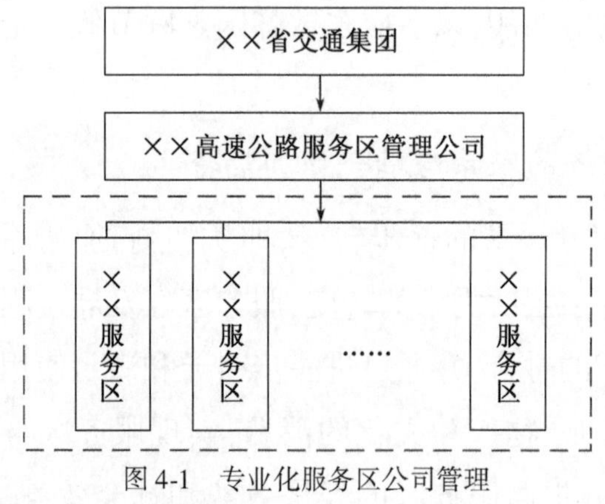


图4-1　专业化服务区公司管理

[1] 交通运输部科学研究院. 江苏高速公路服务区发展研究[R]. 2015.

2. 三级管理,以高速公路公司管理为主

该模式以江苏省为代表。江苏交通控股所辖服务区管理主体呈现多元化,87 对服务区由 18 家公司管理,服务区管理体制为三级管理,即江苏交通控股→高速公路经营管理单位→服务区。江苏交通控股与旗下各路桥公司为控股关系,负责对系统内各路桥公司服务区进行宏观管理,制定有关管理标准和要求,高速公路经营管理单位负责服务区经营管理。该模式的组织架构见图 4-2。

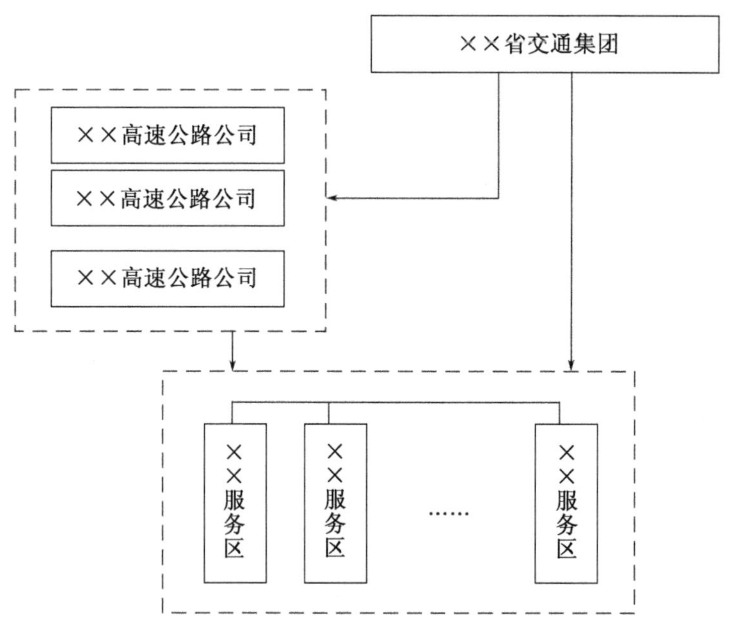


图 4-2　三级管理,以高速公路公司管理为主

3. 三级管理,以总公司内设机构管理为主

该模式以陕西省交通建设集团为代表。截至 2013 年年底,陕西省交通建设集团所辖运营服务区共 35 对(含 4 对停车区)。在管理体制上,2009 年 4 月陕西省交通建设集团设立服务区管理中心作为专

职管理机构,加强对服务区的管理工作,实行“陕西省交通建设集团服务区管理中心—运营分公司服务区管理分中心—服务区”的三级管理模式和“条块结合、以块为主、各司其职、齐抓共管”的工作体系。该模式的组织架构见图4-3。

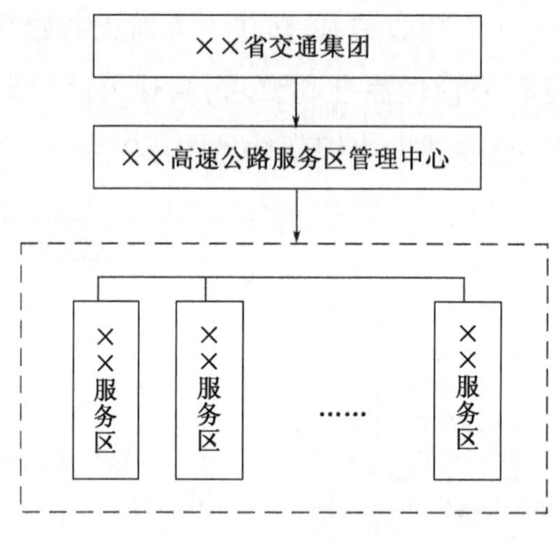


图4-3 三级管理,以总公司内设机构管理为主

4.过渡模式

该模式以河北省为代表。截至2013年年底,河北省共开通运营高速公路服务区136对,其中河北省高速公路管理局服务管理中心(以下简称“省高管局服务管理中心”)管辖79对省属服务区,占全省60%。在管理体制上,河北省属高速公路服务区实行中心—分中心—服务区三级管理模式,根据服务区的分布状况和实际管理需要,将全省划分为石家庄等5个片区(分中心)。为便于开展生产经营工作,服务管理中心在工商部门注册企业名称“河北省高速公路禄发实业总公司”,与服务管理中心是“一套人马、两块牌子”,所属5个分中心对应注册企业名称分别为河北省高速公路禄发实业总公司石家庄

分公司等5个分公司。该模式的组织架构见图4-4。

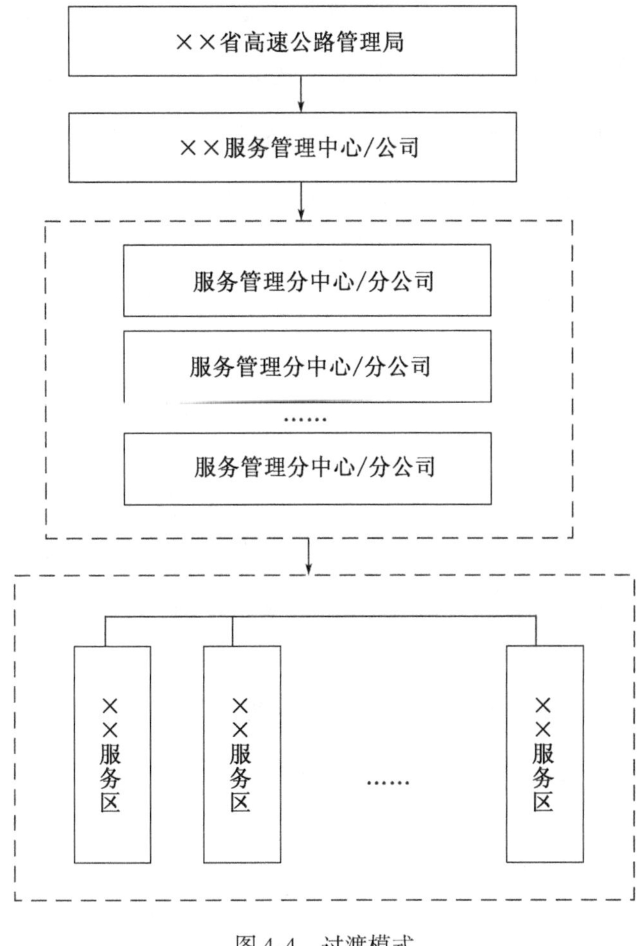


图4-4　过渡模式

## 二、适应性分析

### 1. 专业化服务区公司管理

此种模式的优点在于一体化的发展战略和扁平化的管理使服务区公司能够更高效地通过优化组合服务区资源，实行专业化经营，提高专业经营能力，扩大市场占有率，从而实现公司可持续发展。但缺点同样较明显,由于公司经营更追求利润最大化,因此,服务区管理更多强调经济效益,而服务区公益性服务方面可能会被放到相对次要的地位。

2. 三级管理,以高速公路公司管理为主

该模式脱胎于高速公路"一路一公司"的管理体制,适应了早期服务区管理相对简单、要求较低的要求,省交投更多为宏观层面的监管。但伴随着高速公路服务区规模的扩大、车流量的迅速增长以及行业管理部门对服务民生的高度重视,该模式不利于一体化优势的形成、服务区服务水平的整体提升以及服务区的整体可持续发展。

3. 三级管理,以总公司内设机构管理为主

此种模式的优点在于"条块结合、以块为主",兼顾了上层和基层对于服务区的管理权限。一方面上层对内在服务区发展方向、发展战略等涉及全局的问题上具有掌控权,对外与经济实体进行业务往来谈判时具有更大的话语权。另一方面基层管理机构在服务区具体经营上具有更大的主动性和灵活性,从而激励和调动了基层管理者的工作积极性,保证了服务区经济效益和社会效益的实现。实行该模式的难点在于权限在上层和基层之间的平衡。

4. 过渡模式

"一套人马、两块牌子"的管理模式充分发挥了省高速公路管理局服务管理中心对服务区的协调管理能力和公司化运作更为灵活的机制,精简高效、统筹兼顾,能够有效解决管理中心对外约束较多和公司协调力度不足的瓶颈,大大推动了服务区管理的一体、高效,初步为全省服务区管理向一体化发展搭建了平台,但该模式在很大程度上是一种不得已而为之的过渡模式。随着国家对行政事业单位管控力度的加强和对公司运营的进一步规范,该模式存在的空间有限。

# 第五章

# 我国高速公路服务区分级管理

## 第一节　高速公路服务区分级管理的必要性

### 一、是提升公路服务区管理能力的重要抓手

2013 年 8 月交通运输部下发的《交通运输部关于改进提升交通运输服务的若干指导意见》(交运发〔2013〕514 号)中首次对服务区管理与服务提出了明确的指导性意见,这一意见对未来我国高速公路服务区的建设、运营、管理都将产生深远的影响,充分体现出交通运输部对提高服务区管理水平的重视。

随着我国公路服务区规模扩大和管理队伍的成长,服务区在管理上正经历着从以“服务保障型、队伍培养型、经验积累型”为基本目标的第一阶段向以“服务优先型、长效管理型和满足顾客更高层次和多样化需求”为目标的第二阶段过渡的关键时期,要顺利实现过渡,在现阶段就必须强化管理能力、提升管理水平,而服务区分级管理无疑是实现这一过渡的重要抓手。

## 二、是塑造我国公路服务区整体形象的重要手段

2014 年 9 月 28 日交通运输部下发的《交通运输部关于进一步提升高速公路服务区服务质量的意见》(交公路发〔2014〕198 号)中,明确提出要“结合地域特点,加强主题服务区和特色服务区建设,创建具有浓郁地方特色、文化特色的文明服务区。”我国幅员辽阔、文化底蕴深厚,不同地区文化特色鲜明,自古以来既有诸多的人文景观,也有众多风景秀丽的自然景观。而公路服务区作为各地对外交流的重要窗口,已经逐渐显现出在文化交流和融汇中的积极作用。同时,通过特色文化的打造,也突出了不同地域不同服务区的特点,给广大使用者留下深刻的印象,并由此形成不同服务区的一张文化名片,进而塑造公路服务区特色突出、形象鲜明的个性化特点,能够对扩大城市的影响力和知名度起到很好的推动作用。

## 三、是提高我国公路服务区服务水平的重要途径

伴随着消费者收入水平和消费能力的提升,广大驾乘人员对于服务区的需求也从基本的如厕、餐饮、便利店购物、停车、加油等基本功能,扩大到特色餐饮、土特产便利店、休闲娱乐、信息服务等多层次、个性化服务。作为服务的提供者,为了更好地做好服务同时实现自身可持续发展,公路服务区须从驾乘人员需求出发配套相关的服务功能。但从资源充分利用的角度,这并不意味着所有公路服务区都要功能齐全、设施完备,而应结合各服务区的交通区位、地理区位、自身条件、文化特色等实际情况,科学合理地进行功能配置。而服务区分级管理正是从这一原则出发,实现满足多层次需求与资源高效利用的有机结合。

## 第二节 影响高速公路服务区分级的因素

### 一、生理需求

高速公路的“封闭性”保证了行车速度快、通行能力大的特点，驾乘人员在享受高速公路安全、快捷、经济等优点的同时，还要求解决长途旅行中的心理和生理需求。通常情况下，驾驶员平均2小时需要休息一次，以减轻大脑和眼睛的疲劳；旅客平均1～3小时需要解决诸如小便等生理上的要求，4小时有集中用餐的要求。服务区布局必须首先考虑人的需求因素。

### 二、加油及维修需求

在为车辆服务方面，服务区的主要功能是加油、加水。服务区的设置要确保车辆在燃油耗尽前能够到达前方加油站进行燃油的补充，车辆的油量警示灯亮后，剩余燃油还能保证车辆继续行驶30～50km，因此需要高速公路的服务区间距要在服务范围内设置。同时，高速公路服务区还应提供车辆的维修、检查、保养等服务，以保障车辆行驶安全。

### 三、路网车流量

在高速公路主干线、重要的区际通道等在综合运输网中的重要路段，由于交通流量较大、长途车辆、过境车辆、大中型货车较多，在此类路线上服务区设置时一方面可以考虑适当缩小间距或增设停车区或扩大服务区面积，以更好地为驾乘人员和车辆提供服务。同时，在服务区服务功能的配备上，此类路段应设置具有较完善服务功能的中心服务区或次中心服务区，而对于重要性较低的道路或者连接性道路，则应更多地考虑保证基本的服务功能。

## 四、车型结构

在旅游交通和小客车较多的路段上，旅客大多在休息、就餐的同时，还要求欣赏风景，所以在景观良好的地点应设置较大规模、提供服务较全面的服务区。而在过境车辆较多和货车比例较高的路段，车辆使用服务设施偏重于车辆方面的服务，应该较多地考虑设置休息、加油、加水等服务设施。

## 五、地形条件

我国幅员辽阔、地形多样，既有平原丘陵，又有山川湖泊，而高速公路的建设也通常因地制宜，这就意味着服务区的设置通常会受到空间的限制和土地的限制，并进而对服务区的空间布局和功能配置产生重要影响。

## 六、城镇分布

基于服务区服务供给效率的考虑，在城镇分布比较稀疏的地方，服务区设置间距可适当增大，但服务区功能应较完善；相反，在经济比较发达、城镇分布密集的地方，服务区的设置适当加密，不同类型的服务区选择相应的服务功能来配置。

## 七、环境因素

我国历史悠久、文化丰富，既有众多的山水园林、名胜古迹，又有大量自然旅游资源丰富的名山大川，因此，服务区设置要在满足环保要求的前提下，应优先考虑自然环境优美、靠近旅游景区的点位，为旅客提供宜人的自然条件。这样既有利于引导驾乘人员去休息和游览，消除旅途中的疲劳，充分满足休闲和旅游需求；又有利于服务区作用的充分发挥，达到为旅游景区提供全方位服务、促进地方经济发展的目的。

### 八、省界因素

调查显示，很多驾驶员每进一个省都会停车、检修，并做适当休整。这其中除了个人习惯因素外，计重收费是重要原因。这就导致临近省界的服务区经常会集结大量的中型、大型货车。鉴于此，位于省界的服务区应适当考虑放大占地面积约束，同时在大车位与小车位的比例结构上更侧重于大车位。

## 第三节　高速公路服务区分级思路

### 一、典型省份分级方式

为了便于服务区的管理和发展，国内诸多省份都对其高速公路服务区进行了分级，以下述省份为例，分级的方式主要有以下几种模式。

1.四川省

从高速公路服务设施的功能出发，四川省将高速公路服务区划分为两个大类，即A、B两类。规划布局以B类为主，合理设置A类服务区，共同组成全省高速公路网服务区系统，发挥服务区整体功能和效益。合理地确定服务区和停车区的总体设置间距，在距50万人口城市150km范围内、交通流量较大、重要度高的高速公路上，或通往著名旅游景区的枢纽互通附近，可设置A类服务区。在A类服务区之间，可连续设置B类服务区。在A类服务区或者B类服务区之间，应设置停车区。相邻的A类服务区设置的平均间距宜为100km左右;A类服务区与B类服务区的平均间距不宜大于50km;最大间距不宜大于60km;停车区与服务区之间的间距为15~25km。所有各类服务区设置的合适间距宜为30~50km。目前,四川省高速公路网共设置A类服务区27处、B类服务区128处。

按照使用功能,服务区可划分为A类服务区、B类服务区和C类服务区(停车区)3种类型。A类服务区是指服务占主导地位,功能完善、规模较大的为人、车提供服务的场所。除满足道路使用者维持旅程所需的基本需求之外,还可支持地方经济发展,促进社会进步。B类服务区是指配合A类服务区,占次要地位,功能较全、规模适中的为人、车提供服务的场所。停车区是指配合B类服务区,起加密作用,具有基本功能,规模较小的以停车为主的服务场所。

2. 江西省

为指导江西省高速公路服务区的规划和建设,2012年江西省交通运输厅制定了我国第一部关于服务区建设的地方标准——《江西省高速公路服务区建设设计规范》,从功能配置角度出发,提出了“中心服务区+普通服务区+停车区”规划的新思路,并对江西省服务区进行了总体规划。

3. 广西壮族自治区

广西壮族自治区高速公路服务区划分为3级,中心服务区、一般服务区、停车区。对于中心服务区,考虑服务区规模化运营与功能拓展两方面的要求,分为规模型中心服务区和拓展型中心服务区两个类别,前者主要考虑服务区驶入需求量对于服务区规模的要求,即主要依托需求量进行功能配置;后者则从服务区与城区的距离、区位条件、资源条件等角度充分考虑服务区功能拓展需求，在服务区功能拓展类型定位的基础上进行功能配置。

上述省份高速公路服务区都通过分级管理取得了较好的社会效益和经济效益，可见分级管理便于资金的高效投入和管理水平的提高。同时上述省份不同的分级方案也反映出分级管理的思路并不唯一，多维度的分级可以并存，但前提条件是对于服务区整体发展方向的充分把握。

## 二、分级原则与思路

1. 分级原则

原则一：适度超前

作为基础性、先导性和服务性行业，交通运输行业是经济社会发展水平的重要标志。而交通基础设施作为提供交通运输服务的介质，具有投资大、建设周期长、受资源约束性较强及一经建成难以改变等特点。因此，在高速公路服务区的分级上，中心服务区在占地面积等基础指标的设置上必须充分考虑适度超前原则，从而更好地节约资源和保护资源。

原则二：需求导向

服务民生的大社会背景下，所有服务都是由需求引发并围绕需求而开展。作为为广大高速公路使用者提供综合服务的平台，高速公路服务区在分级时，中心服务区的确定必须充分考虑广大高速公路使用者的需求，由于人民生活水平的快速提高，这需求中必须既包含基本需求，也包含延伸需求和拓展需求，只有这样才能满足多元化的需求、做好服务，真正做到需求导向。

原则三：服务地方经济社会

地方经济的增长、现代物流业的发展以及旅游业的繁荣日益要求将服务区作为城市功能的延伸，发挥“窗口”和“展台”等经济功能，以促进地方经济的发展。这就意味着，高速公路服务区分级时必须充分考虑与地方经济的融合，除基本功能外，中心服务区的选取还应综合分析周边地域或服务区辐射范围的经济社会特点、产业基础、人文特点、资源条件等因素，使其与周边社会经济发展相适应。

2. 分级思路

鉴于我国东中西部地区经济社会发展水平、人们的消费能力以及车流量差距较大，在公路服务区分级方面应充分考虑地域因素。

中心服务区：具有完善的服务功能，设有停车场、绿地、公共厕所、免费休息所、营业餐厅、加油站、汽修场、便利店等服务设施，设置较好住宿设施以及应急救援等设施。还可以根据服务区所处的地理位置和路段情况，建设旅游休闲、商务会议、物流仓储设置等设施。

中心服务区主要设置在重要性较高、交通流量较大的国家高速公路网层次的高速公路上。该类服务区规模应较大，停车位较充裕，各种设施规模较齐全。由此，基于我国东部地区高速公路服务区实际情况，建议占地面积容许值在 100 ~ 145 亩区间内取高限、断面流量不低于 30000 辆/日、驶入量率不低于 15%；基于中部地区高速公路服务区实际情况，建议占地面积容许值在 100 ~ 145 亩区间内取高限、断面流量不低于 15000 辆/日、驶入量率不低于 15%；基于西部地区高速公路服务区实际情况，建议占地面积容许值在 100 ~ 145 亩区间内取中限、断面流量不低于 10000 辆/日、驶入量率不低于 20%。

次中心服务区：具有基本的服务功能及一定的拓展功能，可以满足驾乘人员和旅客的基本需求，包括停车场、公共厕所、餐厅、加油站、汽修厂、便利店等服务设施。主要设置在车流量相对较大的国家公路网层次的高速公路或区域公路网层次的高速公路上，在服务区规模上与中心服务区接近，在服务功能设置上较中心服务区略简单。由此，建议东部地区次中心服务区占地面积容许值在100～145亩区间内取高限、断面流量不低于15000辆/日、驶入量率不低于15%。中部地区可视具体情况分为三个层次，即将次中心服务区与一般服务区合二为一，或者在交通区位、地理区位非常重要，交通量都非常大的地方设置这一层次。如果设置，建议占地面积容许值在100～145亩区间内取中限、断面流量不低于10000辆/日、驶入量率不低于15%。

一般服务区：具有基本的服务功能及一定的拓展功能，可以满足驾乘人员和旅客的基本需求，包括停车场、公共厕所、餐厅、加油站、汽修厂、便利店等服务设施。主要设置在车流量一般的国家公路网层次的高速公路或区域公路网层次的高速公路上，在服务区规模上一般服务区与次中心服务区接近，但高于停车区；在服务功能设置上一般服务区多于停车区。由此，建议东部地区此类服务区占地面积容许值在100～145亩区间内取低限、断面流量不低于10000辆/日、驶入量率不低于10%。

停车区：一般设置在服务区之间，作为服务区重要的补充形式。与服务区相比，停车区只具有部分服务功能。一般设有停车场、公共厕所（包括残疾人用的厕所）、便利店、加油站等服务设施。

以上占地面积主要参考2011年8月11日批准发布的《公路工程项目建设用地指标》（建标〔2011〕124号）相关规定，但对于有特殊需求，如为物流、旅游等特殊主题或特色的服务区，可在此基础上通过与地方政府沟通协调为特定拓展功能另行征地，以满足服务地方经济的需要。

鉴于服务区划分基本特征，汇总于表5-1～表5-4。

东部地区服务区分级技术经济特征一览表　　表5-1

| 类型 | 位　置 | 断面流量 | 占地面积[1] | 驶入率 | 车型结构 | 特色 |
|---|---|---|---|---|---|---|
| 中心服务区 | 国家高速公路网上 | >30000 | 100～145亩 | >20% | 客车为主或客货车对半 | 主题或特色 |
| 次中心服务区 | 国家高速公路网或重要的区域高速公路上 | >15000 | 100～145亩 | >15% | 客车为主或客货车对半 | 主题或特色 |
| 一般服务区 | 区域高速公路网上 | >10000 | 100～145亩 | >10% | 货车为主或客货车对半 | |
| 停车区 | | | <40亩 | | | |

注：1. 占地面积参考2011年8月11日批准发布《公路工程项目建设用地指标》（建标〔2011〕124号），下同。

中部地区服务区分级技术经济特征一览表（1）　　表5-2

| 类型 | 位　置 | 断面流量 | 占地面积 | 驶入率 | 车型结构 | 特色 |
|---|---|---|---|---|---|---|
| 中心服务区 | 国家高速公路网上 | >15000 | 100～145亩 | >15% | 客车为主或客货车对半 | 主题或特色 |
| 次中心服务区 | 国家高速公路网或重要的区域高速公路上 | >10000 | 100～145亩 | >15% | 客车为主或客货车对半 | 主题或特色 |
| 一般服务区 | 区域高速公路网上 | >10000 | 100～145亩 | >10% | 货车为主或客货车对半 | |
| 停车区 | | | <40亩 | | | |

中部地区服务区分级技术经济特征一览表（2）　　表5-3

| 类型 | 位　置 | 断面流量 | 占地面积 | 驶入率 | 车型结构 | 特色 |
|---|---|---|---|---|---|---|
| 中心服务区 | 国家高速公路网上 | >15000 | 100～145亩 | >15% | 客车为主或客货车对半 | 主题或特色 |
| 一般服务区 | 区域高速公路网上 | >10000 | 100～145亩 | >10% | 货车为主或客货车对半 | |
| 停车区 | | | <40亩 | | | |

**西部地区服务区分级技术经济特征一览表** 表 5-4

| 类型 | 位 置 | 断面流量 | 占地面积 | 驶入率 | 车型结构 | 特色 |
|---|---|---|---|---|---|---|
| 中心服务区 | 国家高速公路网上 | >10000 | 100～145 亩 | >15% | 客车为主或客货车对半 | 主题或特色 |
| 一般服务区 | 区域高速公路网上 | >5000 | 100～145 亩 | >10% | 货车为主或客货车对半 | |
| 停车区 | | | <40 亩 | | | |

而服务区功能设计及设施设备配置汇总于表 5-5。

**服务区分级功能一览表** 表 5-5

| 序号 | 服务功能 | | 中心服务区 | 次中心服务区 | 一般服务区 | 停车区 |
|---|---|---|---|---|---|---|
| 1 | 停车场 | | ● | ● | ● | ● |
| 2 | 公厕 | 正常厕位 | ● | ● | ● | ● |
| | | 残疾人厕位 | ● | ● | ○ | |
| | | 婴儿卫生台 | ● | ● | ○ | |
| 3 | 加油站 | | ● | ● | ● | ● |
| 4 | 餐饮 | 快餐 | ● | ● | ● | |
| | | 点餐 | ● | ○ | ○ | |
| | | 小吃 | ● | ● | ○ | |
| 5 | 便利店 | 常规柜台 | ● | ● | ● | ○ |
| | | 土特产柜台 | ● | ● | ○ | |
| | | 图书柜台 | ○ | ○ | ○ | |
| 6 | 汽车维修 | | ● | ● | ● | |
| 7 | 住宿 | | ● | ○ | ○ | |
| 8 | 简易医药箱 | | ● | ● | ● | ● |
| 9 | 露天休息区 | | ● | ● | ● | ● |
| 10 | 信息查询台 | | ● | ● | ● | ○ |
| 11 | ETC 充值 | | ● | ● | ● | |
| 12 | 开水间/炉 | | ● | ● | ● | |

续上表

| 序号 | 服务功能 | 中心服务区 | 次中心服务区 | 一般服务区 | 停车区 |
|---|---|---|---|---|---|
| 13 | 休息室/厅 | ● | ○ | ○ | |
| 14 | 加水站 | ● | ● | ● | |
| 15 | 公用淋浴房 | ● | ○ | ○ | |
| 16 | 无线网络(Wi-Fi) | ● | ○ | ○ | |
| 17 | 母婴喂养室 | ● | ○ | | |
| 18 | 残疾人专用通道 | ● | ○ | | |
| 19 | ATM 机 | ○ | ○ | | |
| 20 | 电动车充电桩 | ○ | ○ | | |
| 21 | 第三卫生间 | ○ | ○ | | |
| 22 | 儿童游戏区 | ○ | ○ | | |
| 23 | 救护医疗站 | ○ | ○ | | |
| 24 | 客运接驳站 | ○ | ○ | | |
| 25 | 仓储、物流中心 | ○ | ○ | | |
| 26 | 旅游休闲娱乐 | ○ | | | |
| 27 | 高端商品展示销售区 | ○ | | | |
| 28 | 直升机应急停机坪 | ○ | | | |
| | 房车营地 | ○ | | | |

注:“●”为必选项目,“○”为可选项目。

## 第四节　高速公路服务区分级方法

### 一、主要评价指标

本书在确定中心服务区时,通常主要采用服务区占地面积、断面流量、驶入量、地区生产总值、人均可支配收入五个指标。其原因主要有以下几点:

其一，供给和需求是服务区发展的关键，因此上述五个指标的选取均以供需为核心、充分体现需求导向的原则，其中占地面积反映供给，断面流量、驶入量、地区生产总值、人均可支配收入均反映需求。

其二，作为最基本的硬件设施，占地面积是反映服务区服务供给能力的最基本要素之一，直接决定了服务区服务能力的大小。

其三，需求决定供给，作为反映服务区需求的最直接指标，流量的多少决定了驾乘人员和旅客、车辆对服务区需求的大小，因此，选取了断面流量和驶入量两个指标来充分反映这一需求。

其四，鉴于服务区逐渐成为区域经济展示的"窗口"和"平台"，选取了地区生产总值、人均可支配收入两个指标来反映这一趋势。

## 二、服务区分级方法

1. 确定中心服务区数量

确定中心服务区数量所采用的方法是节点重要度分析法。公式如下：

$$Y=\sum_{j=1}^{m}\alpha_j\frac{x_{ij}}{\sum_{i=1}^{n}x_{ij}}\times 100$$

式中：$Y$——服务区的节点重要度；

$\alpha_j$——第 $j$ 个指标的权重；

$x_{ij}$——第 $i$ 个服务区第 $j$ 个指标的数值。

由上述模型可得服务区的节点重要度。对于各个指标的权重的确定可以采用定性定量结合的方法，这里本轮规划采用了主成分分析法来确定。

进而，根据各备选服务区的评价得分累计值所构成的曲线图来确定最佳的高速公路网络中中心服务区数量。具体步骤为：

第一,将备选服务区评价分数的累计值通过平面坐标系进行散点布置,对所形成的散点图进行曲线拟合,可得最优的拟合曲线。

第二,同时在坐标系中对实际累计值进行线性拟合可以得到线性拟合的直线。

第三,上述两条拟合结果分别表示服务区对社会经济的实际贡献和平均贡献,实际贡献大于平均贡献时表示方案可行。实际贡献与平均贡献的差值称为边际贡献,当边际贡献值最大时,即服务区选取方案为最优。

第四,根据第三的分析,利用数学求函数最大值的方法计算边际贡献函数取最大值时高速公路网络中中心服务区数量,即可得到中心服务区的最佳个数。

2. 确定中心服务区点位

对于中心服务区具体点位的确定,本轮规划将采用聚类分析法。

系统聚类法运用于中心服务区点位确定的基本思路是：

第一,将各区域内各备选服务区各自看成一类,分别记为第1,第2,…,第 $n$ 类,每类研究对象均用一组指标 $\{x_k\}$ 表示其特征( $k=1,2,\cdots,m$ )。

第二,根据各服务区间的相似度,将 $n$ 类中最相似的两个类合并成一个新类,并得到 $n-1$ 类。

第三,在剩余 $n-1$ 类中找出最相似的两类合并,得到 $n-2$ 类,如此下去直至将所有的备选服务区对象归并成一个大类为止。

系统聚类法运用于中心服务区点位确定的计算步骤：

步骤一,将每个备选服务区确定各看作一个类,即 $\{u_1\}$,

$\{u_2\}, \cdots, \{u_n\}$。

步骤二,对各备选服务区确定指标进行归一化处理以便于计算其距离。

$$G_1 = \frac{u_1}{u_1} = \left| \frac{x_{11}}{x_{11}}, \frac{x_{12}}{x_{12}}, \cdots, \frac{x_{1m}}{x_{1m}} \right|$$

$$G_2 = \frac{u_2}{u_1} = \left| \frac{x_{21}}{x_{11}}, \frac{x_{22}}{x_{12}}, \cdots, \frac{x_{2m}}{x_{1m}} \right|$$

$$\cdots$$

$$G_n = \frac{u_n}{u_1} = \left| \frac{x_{n1}}{x_{11}}, \frac{x_{n2}}{x_{12}}, \cdots, \frac{x_{nm}}{x_{1m}} \right|$$

由此矩阵和前述的欧氏距离公式 $d_{ij}$ 可得到距离矩阵的下三角矩阵 $D^0$,即

$$D^0 = \begin{vmatrix} & G_1 & G_2 & \cdots & G_{n-1} \\ G_1 & 0 & & & \\ G_2 & d_{21} & 0 & & \\ \vdots & \vdots & \vdots & 0 & \\ G_{n-1} & d_{n-1,1} & d_{n-1,2} & \cdots & 0 \\ G_n & d_{n1} & d_{n2} & d_{n3} & \cdots \end{vmatrix}$$

其中,欧氏距离公式 $d_{ij}$ 的计算公式为:

$$d_{ij} = \sqrt{\sum_{k=1}^{m} (x_{ik} - x_{jk})^2}$$

步骤三,合并距离最小的两类为新类。在 $D^0$ 中距离最小的为 $d_{ij}$,合并 $G_i$ 与 $G_j$ 组成新类 $G_{n+1} = \{G_i, G_j\}$,原类 $G_i$ 与 $G_j$ 取消。

步骤四,采用前述最短距离法,依次算出新类 $G_{n+1}$ 与原剩余各类之间的距离以组成降一阶的距离矩阵 $D^1$。

步骤五，重复步骤三和步骤四直到所有的服务区合并到一个大类为止；画聚类图以反映聚类过程。

步骤六，分析确定最终分类。实际中应以服务区层次划分和功能特点等来确定其最终分类。

# 第六章

# 我国高速公路服务区质量监管

## 第一节 高速公路服务区质量监管现状

监管是政府行政机构根据法律授权,采用特殊的行政手段或准立法、准司法手段,对企业、消费者等行政相对人的行为实施直接控制的活动,其目的是为了保护企业与消费者的合法权益,保证市场经济的稳定运行。

### 一、相关法规文件

为了统一高速公路交通工程及沿线设施设计的技术标准、建设规模,指导工程建设,交通运输部(原交通部)先后发布了与高速公路服务区设计、建设相关的行业标准、规范等政策法规。与此同时,为了加强高速公路服务区管理水平,提高服务质量,实现社会效益和经济效益的最大化,国家及省级管理机构也相继出台了一系列服务区管理办法以确保高速公路服务区的依法经营、规范管理和优质服务。见表 6-1。

我国高速公路服务区服务质量相关政策法规　　表 6-1

| 政策名称 | 主要内容 | 实施时间 |
|---|---|---|
| 《高速公路交通工程及沿线设施设计通用规范》 | 对高速公路服务区、停车区等级、位置、布设以及功能等方面进行了详细规定 | 2006.10.1 |
| 《关于加强高速公路服务区建设管理工作的指导意见》 | 提出高速公路服务区、停车区建设要以提供公益服务为主，根据交通需求与建设环境等因素对其他服务功能进行严格控制；高速公路服务设施的建设，应根据区域路网建设规划与交通流特性，做到服务设施规划布局与路网布局规模相结合，项目服务设施布设与单点服务设施规模相统筹，合理确定服务设施间距、选址以及单点规模，有计划、分步骤地建设实施；合理控制高速公路服务设施建设规模、保证服务、发挥功能、减少占地、节省投资，提高规模效益。同时鼓励服务设施安装电子显示、电子监控等设备，提高自动化程度和动态监控能力以及公共服务信息平台的建设 | 2009.1.23 |
| 《公路工程建设用地指标》 | 该标准对于高速公路服务区及停车区用地面积进行了详细规定，给出服务区级停车区用地指标一般条件下的基准值；并指出经批准，服务器可与公共汽车停靠站、物流中心、公路治理超限超载站等设施合建，其设施的用地面积应单独计列，此外，当服务设施需要承担公路交通应急保障功能时，其用地面积应根据实际设计方案增加 | 2011.12.1 |
| 《公路工程技术标准》 | 新标准掌握的主要原则是确定公路交通工程及沿线设施的规模指标和安全指标，因此条文中完善了交通工程及沿线设施的分级，并且规定了各等级相应的配置设施 | 2015.1.1 |

随着社会对高速公路服务区管理水平要求的提高，各地方政府及主管部门不断创新行业管理制度和措施，浙江、湖北、重庆、河南等省市相继出台服务区管理办法、千分考核、星级服务区评定（见表 6-2）等一系列政策文件，从多方面规范了服务区的经营与管理，为提升本省市高速公路服务水平发挥了重要作用。

**部分省、区、市服务区星级评定相关文件**　　表 6-2

| 省、区、市 | 时间 | 开展主体 | 有关文件 |
| --- | --- | --- | --- |
| 河北 | 2001.9 | 河北省交通厅 | 《河北省高速公路服务区管理暂行办法》《河北省高速公路星级服务区评定标准》 |
| 山西 | 2004.10 | 山西省高速公路管理局 | 《山西省高速公路服务区星级评定标准》 |
| 福建 | 2004.11 | 福建省高速公路有限责任公司 | 《服务区星级考评及达标量化标准》 |
| 吉林 | 2005.10 | 吉林省高速公路管理局 | 《吉林省高速公路“星级服务区”评比标准(暂行)》 |
| 河南 | 2006.10 | 河南省交通厅 | 《河南省高速公路服务区星级评定办法(试行)》 |
| 湖北 | 2008.7 | 湖北省交通运输厅 | 《湖北省高速公路服务区星级考核评定办法》 |
| 天津 | 2009.7 | 天津市高速公路管理处 | 《天津市高速公路服务区星级评定考核办法》 |
| 广西 | 2009 | 广西高速公路管理局 | 《广西高速公路服务区星级评定办法》《广西高速公路服务区星级评定标准》 |
| 陕西 | 2010.6 | 陕西省交通运输厅 | 《陕西省高速公路服务区星级评定办法(试行)》 |
| 安徽 | 2011.4 | 安徽省交通运输厅 | 《安徽省高速公路服务区管理办法》《安徽省高速公路服务区星级考核评定办法(试行)》 |
| 湖南 | 2011.11 | 湖南省交通运输厅 | 《湖南省高速公路服务区星级考核评定管理办法(试行)》 |
| 浙江 | 2012.2 | 浙江省交通运输厅、省文明办等 | 《浙江省高速公路星级文明服务区创建管理办法》 |
| 重庆 | 2012.3 | 重庆市交通委员会 | 《重庆市高速公路服务区星级评定管理办法》 |
| 四川 | 2012.12 | 四川省高速公路管理局 | 《四川省高速公路服务区星级评定管理办法(试行)》 |
| 山东 | 2013.3 | 山东省交通运输厅公路局 | 《山东省高速公路服务区监督检查与星级考核评定管理办法》 |

## 二、我国高速公路服务区服务质量监管制度

目前各省高速公路服务区服务监管制度主要包括考核制度、督查制度、投诉制度、奖罚制度、标准化管理制度和信息报送制度。

### (一)考核制度

服务质量考核制度是考查服务区服务质量的量化评定标准,通过完善的服务区考核制度,可以达到提高服务区服务质量和经营管理水平,树立良好行业形象的目的。目前,我国大部分省份交通行业主管部门对于高速公路服务区的考核主要是通过“服务区星级评定制度”。星级评定制度是基于千分制评分制度的一种考核方式,采取自评申报、重点考核、综合评定的形式,以第三方暗访评估数据为重要参考。星级评定制度一般将高速公路服务区管理品质分为三星级、四星级、五星级,星级越高表明服务、管理水平越高。一般由省级交通运输主管部门制定《星级服务区考核评定办法》,并委托省道路运输管理机构成立星级评审委员会,定期开展服务区监督检查、顾客满意度调查等督查工作,督查结果作为星级评定重要依据。星级评审委员会成员主要由行业主管部门有关人员组成,必要时邀请社会监督人员评估,考核方式采用现场打分法,评定内容包括服务设施、环境卫生、绿化设施、安全消防、标识标牌、规范化管理、人性化服务和诚信化经营等。

### (二)督查制度

督查制度可显著提高员工对命令的执行力,达到暴露问题、解决问题、促进目标、计划达成、促进流程、制度落实,从而形成内部制约机

制和控制体系的目的，服务区日常督查通常以自查和督查、定期和不定期、明察和暗访、统查和专项抽查等多种形式相结合，并开展顾客满意度调查等社会监督制度，督查结果是服务区考核制度的重要依据。其中，明察暗访和客户满意度调查是目前采用较多、效果较好的方式。

1. 明察暗访

明察暗访是政务督查的一个重要方面，也是抓落实的一个重要环节和手段，通常为省级交通运输行业主管部门和服务区运营企业所采用。该方式可以比较全面、真实地了解上级决策的具体落实情况，避免人情因素影响检查结果客观真实性，避免检查信息泄露，解决和弥补监督考核工作的不足。其核心是定期检查与不定期检查相结合，抽查与联查相结合。明察主要是定期检查，检查方式有月度检查、季度评比、半年考核和年度考核等方式，暗访主要是聘请外部人员按月或按季度对服务区进行不定期检查，并对暗访过程进行录像、录音，年终考核由结合日常抽查和年度检查两方面的评分结果组成。

2. 顾客满意度调查

顾客满意度调查是服务区普遍采用的一种督查制度，指随机调查顾客，通过采取面对面与驾乘人员直接沟通、对部分驾乘人员进行电话回访及发放《顾客满意度调查表》等多种方式，测量顾客对服务区服务质量的满意度，旨在全面了解社会公众对服务区的满意程度并收集意见建议。该方式目前为服务区运营企业较常采用，国家和省交通运输行业主管部门采用较少。调查内容主要围绕服务区工作人员服务态度、仪容仪表以及服务区饭菜质量、商品种类、食品卫生、环境卫生、收费价格及服务配套设施等几个方面展开。顾客满意度调查有助于增强高速公路服务区管理工作的针对性，为进一步提高服务区管理水平和服务质量提供重要参考，为进一步发掘服务潜力、提升服务区服务质量奠定良好基础。

（三）投诉制度

投诉制度是保障驾乘人员合法权益，确保服务质量的一个重要环节。我国高速公路服务区的投诉渠道一般包括电话投诉、网站投诉、意见箱和意见簿投诉等。

通常情况下，服务区服务质量投诉监督管理工作由各省交通运输厅授权，省高速公路投资集团等单位负责，并设置专门的接待部门，接受群众反馈意见和建议，受理投诉和举报，及时处理反馈顾客投诉并建立档案。各服务区须公示当班人员名单、相片，各项服务流程和制度、服务标准、服务承诺等，公布统一的投诉监督举报电话及投诉网站，接受社会监督。在投诉电话的设置上，目前各省交通运输管理部门、高速公路公司都设置了各自的投诉电话，但由于种种原因，投诉电话实施效果良莠不齐。

（四）奖罚制度

提高服务区服务质量，不仅要采取行政监管，更需要结合科学的奖罚制度。目前，各省交通运输行业主管部门和服务区经营管理企业对高速公路服务区服务质量奖罚制度的实施主要通过与考核评比结果相结合，与投诉管理办法相结合，与履约保证金实施办法相结合三种方式。

（五）标准化管理制度

高速公路服务区标准化管理就是通过对高速公路服务区管理的具体环节进行再划分，明确岗位职责，规范工作流程，并制定一系列标准化的工作规范体系，包括统一标准的服装、用语、仪容规范，保安员、保洁员、餐厅服务员、超市营业员、客房服务员、加油员、汽修员等专业员工标准化的工作要求、行为规范及工作流程，对每一项管理工作进行计划、控制、领导、激励、规范，使高速公路服务区管理每一个人员、每一个岗位都有据可依。

高速公路标准化服务区管理包括设施管理标准化、服务监管标准化、日常管理标准化、考核评价等内容。作为高速公路服务区标准化管理的重要内容，服务监管标准化主要是根据日常管理的标准化要求，对经营活动进行规范和监管，如制定标准化的服务投诉管理、遗失物品管理等工作规程。标准化考核评价主要是制定考核评价方法、细化考核评价细则及奖励办法等标准化规定，对服务区从业人员和各经营单位进行考核评价，是从业人员和经营者为驾乘人员提供优质服务的保证。

### （六）信息报送制度

信息报送制度主要是地方政府或服务区经营者为强化对服务区的监督管理职能，及时了解掌握服务区的经营状况和工作动态，建立长效互动机制而设置的。

信息报送的内容一般包括以下六个方面：

（1）各项检查的整改和落实情况。

（2）服务区、加油站范围内出现安全责任事故、经营纠纷、重大事件等产生负面影响的事件。

（3）春节、“十一”等长假期间和国家、地方政府重大政治、外事、庆典活动安全保卫工作的落实情况。

（4）精神文明创建活动开展情况。

(5)经营范围发生变化的,管理人员和服务区公共区域工作人员发生变化或调整的。

(6)服务区设施配置发生变化(各项设施需要重建和维护的),在进行重建和维护过程中的施工情况等。

## 第二节　高速公路服务区服务质量监管体系的构建

### 一、服务质量监管体系的要件

一个有效的服务质量监管体系应该包括法律与规章、服务质量标准、消费者参与机制、惩罚与补偿机制、信息公开及不同规制部门分工协调等方面。

第一,法律和规章是行业服务质量监管体制的基础,只有通过法律,才能清晰界定政府与市场的关系,明确确定监管机构的地位和作用,清晰界定企业的法律地位作用与功能、监管机构及职能和界定消费者权益保护机制。

第二,监管机构应该根据社会经济发展状况及时建立和更新行业的服务质量标准。通过建立和公布服务质量标准,一方面可以监督和激励企业满足监管要求,提高服务质量水平,另一方面还可以激发消费者主动寻求服务质量信息和追求自身权益保护的努力。

第三,消费者参与机制。除垄断行业消费者对必不可少的基础产品和服务无法用脚投票而需要通过咨询会议听证等渠道保证消费者参与法律和监管以及政策的制定外,对于大多数行业,消费者对于服务的选择更多采用用脚投票,从而促进企业满足消费者需求并提升服务质量。

第四,惩罚与补偿机制基于企业服务质量绩效。如果达到服务质量绩效的标准，甚至高于事先约定的服务质量绩效特定水平，那么提供服务企业可能会受到一定的奖励，但是如果没有达到要求的绩效水平，则会受到监管部门相应惩罚，通过惩罚与补偿机制的建立和实施，会使得提供服务的企业有提供较高服务质量的意愿，而不仅仅是满足达到监管部门设定的最低标准。

第五，信息公开主要应包括两方面的内容，一是监管信息，二是企业信息。监管信息公开应清晰地描绘监管机构的作用范围及相关联系方式；企业信息公开应包括提供服务的相关标准、服务承诺、投诉接待部门、投诉电话、网站及投诉服务相关制度。

第六，服务质量的监管十分复杂，需要不同监管部门通力合作才能完成，这种协调涉及的监管机构包括行业主管部门、监管部门以及行业协会的相互协调和配合。

## 二、高速公路服务区服务质量监管体系构建

### （一）法律规章、服务质量标准

作为行业服务质量监管体制的基础，目前交通运输行业涉及高速公路服务区服务质量的相关法律规章和服务质量标准主要集中于高速公路服务区硬件设计方面，关于服务质量的很少。而我国已经出台的商店、饭店、厕所、宾馆等的相关国家标准由于高速公路服务区的特殊地理区位及条件并不能完全照搬，因此上述标准在服务区的使用中还存在一定的不适应性。由此，必须加快高速公路服务区服务质量的相关标准的制定。

### （二）监管机构及相关职能

高速公路服务区服务质量监管涉及各级行业管理部门、行业协

会、企业。根据《交通运输部关于进一步提升高速公路服务区服务质量的意见》,各省级交通运输主管部门负责本行政区域内服务区的管理工作,并通过组织相关单位,加强检查考核,督促运营单位不断规范管理、提升服务。同时,行业学会通过建立全国统一的服务质量等级评价体系,进行服务达标和等级评定,从而完善外部监督机制,促进服务水平不断提升。而高速公路服务区企业则通过健全和完善企业自身服务区服务工作标准体系,实现规章制度健全、岗位设置合理、责任分工明确、工作内容具体、工作标准清晰、过程控制严格、监督检查到位。从而由此形成行业监管、协会监督、企业自律的三位一体的监管体系(图6-1)。

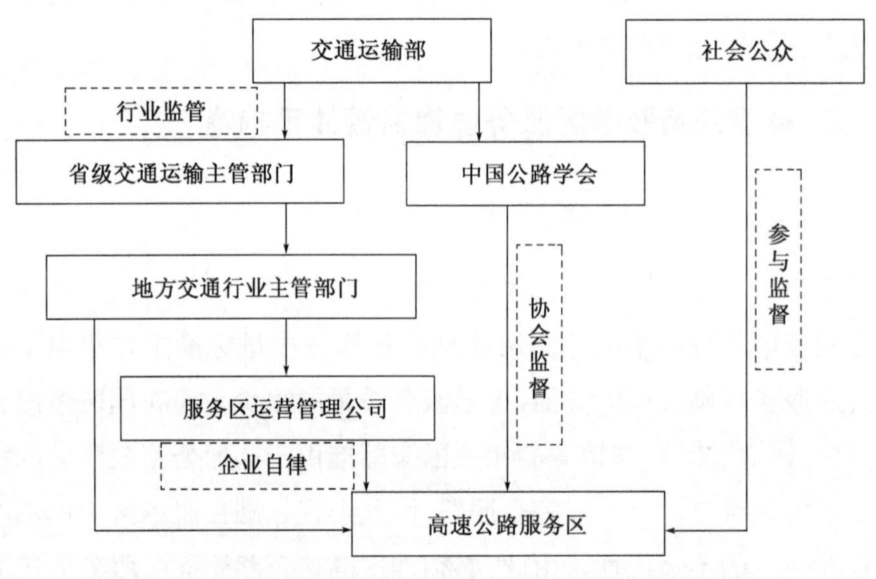


图6-1　高速公路服务区服务质量监管机构

各主体具体职能定位如下:

交通运输部——从行业层面对高速公路服务区发展和服务质量

的提升提出相关意见，指导服务区科学、可持续发展，同时制定出台相关政策和文件；与其他相关行业管理部门就服务区建设运营及服务质量管理相关事宜进行协商沟通。

各省级交通运输主管部门——依据交通运输部法律法规及相关政策，对服务区进行监督管理与业务指导。主要包括：协调其下各管理单位，统筹服务区资源；组织开展服务区考核评定，制定全省服务区管理相关规划并出台相关文件，如《高速公路服务区管理办法》和《高速公路服务区星级考核评定办法》等。与其他省级相关行业管理部门就服务区建设运营及服务质量管理相关事宜进行协商沟通。

地方交通运输主管部门和各路段管理单位——依据部、省交通运输主管部门相关法规、政策，负责本地区或本路段高速公路服务区的运营管理工作，委任各服务区主任或经理，制定管辖服务区的管理标准、规章制度、考核规定等。

中国公路学会（高速公路服务区分会）是交通运输行业管理部门与高速公路服务区运营管理企业间承上启下的桥梁和纽带，一方面维护服务区运营管理企业正当权益，并为之提供情况交流、调查研究、市场信息和各种培训、咨询等各项服务，并通过这种服务来加强与成员企业和会员的密切联系；另一方面贯彻政府的宏观意图，成为交通运输行业管理部门宏观经济管理的参谋助手。

中国公路学会受交通运输部委托，会同各省、自治区、直辖市交通运输主管部门负责全国高速公路服务区服务质量等级评定工作。此外，作为高速公路服务区行业管理和经营管理者的专业交流平台，中国公路学会还通过编写《中国高速公路服务区年度发展报告》、举办“中国高速公路服务区管理年会”等一系列会议活动，提升我国高速公路服务区的管理水平和整体服务质量。

服务区经营或承租单位——负责服务区具体经营管理、安全应急、保洁、环保、公共设施及绿化设施等日常工作；负责服务区设备维护及人员配置工作。主要制定针对员工的岗位职责和操作规程、监督管理制度、员工奖罚办法等服务区内部制度。

上述监管机构及职能总结见表6-3。

**我国高速公路服务区服务质量监管机构及职能** 表6-3

| 序号 | 监管机构 | 监管职能 |
| --- | --- | --- |
| 1 | 交通运输部 | 指导行业健康有序发展，并出台相关指导意见 |
| 2 | 各省交通厅、高速公路管理局 | 对全省服务区进行监督管理及业务指导 |
| 3 | 地方交通运输主管部门和各路段管理单位 | 制定管辖范围内服务区管理标准、规章制度、考核规定等 |
| 4 | 中国公路学会 | 交通运输行业管理部门与高速公路服务区运营管理企业间承上启下的桥梁和纽带，受交通运输部委托开展高速公路服务区服务质量等级评定工作 |
| 5 | 服务区经营单位或承租单位 | 制定本服务区员工监督管理制度 |

### （三）消费者参与机制

消费者参与是消费者对某一产品、事物、事件或行为的重要性与自我的相关性的认识，按照性质和程度可分为无参与和有参与、低参与和高参与，而消费者参与机制则是指让消费者参与的一种机制。在高速公路服务区质量监管方面，消费者参与主要体现在对服务区服务质量的投诉和对服务质量的意见征集或满意度调查。

#### 1.投诉制度

我国高速公路服务区的投诉渠道主要有电话投诉、网站投诉、意见箱和意见簿投诉等。在投诉电话的设置上，目前各省交通运输管理部门、高速公路公司都设置有各自的投诉电话，但由于种种原因，投诉电话实施效果良莠不齐。12328 电话是交通运输行业统一的社会公益性服务监督电话，服务内容包括投诉举报、信息咨询和意见受理三方面，服务范围覆盖全国 31 个省（自治区、直辖市）、新疆生产建设兵团及 333 个地级市，主要服务对象为社会公众、企事业团体、交通运输从业者和各级交通运输主管部门。与之相对应，在处理消费者对高速公路服务区服务质量投诉方面，行业管理部门和运营管理企业除了应对投诉反馈时间、方式作明确规定，并告知消费者外，还应对相关人员的责任认定予以明确。投诉机制使监管体系的运作更加透明化、公开化、廉洁化和合理化，增强广大高速公路用户对监管体系的认知度，从制度监管层面全面提升高速公路的服务水平。

2. 意见征集

消费者参与还体现在行业管理部门以及服务区运营管理单位对服务区服务质量的意见征集。与投诉机制相比，服务质量意见征集更多是一种事前行为，更为主动和积极。如 2013 年 6 月 13 日—7 月 30 日，交通运输部在网站上就“提升公路行业服务质量服务水平”进行了官网和交通报的问卷调查，问卷内容涉及包括服务区服务质量等在内的诸多方面，至调查截止日仅收到来自全国 31 个省份的网上答卷就达 963 份。此外，各省交通运输行业管理部门和相关运营管理单位每年也会定期、不定期地开展此类调查，而调研结果对于更好地把握广大消费者意愿并提升服务区服务质量具有重要的影响作用。

从长远来看，随着消费者维权意识的日益加强，消费者对服务区服务质量的要求将会越来越高，消费者参与的程度也会越来越高，在这个过程中除了做好相关应对，事前掌握广大消费者对于高速公路服务区服务需求就显得更为迫切和重要。

### (四)惩罚与补偿机制

作为高速公路服务区服务质量监管的事后处理,惩罚与补偿机制对于提升服务区服务质量和服务水平具有重要意义,它通常与绩效考核挂钩。这一机制的实施主体包括行业管理部门和高速公路服务区运营管理单位,具体实施过程由上至下、责任明确、层层落实,即交通运输部监督考核各省一级交通运输行业主管部门、各省一级交通运输行业主管部门监督考核各高速公路服务区运营管理单位、各高速公路服务区运营管理单位考核各服务区。

在各省一级交通运输行业主管部门监督考核各高速公路服务区运营管理单位这一环节中,将奖惩制度的实施与考核评比结果、投诉管理办法、履约保证金实施办法相结合是较为行之有效的方法。

#### 1.与考核、督查相结合

与服务区"明察暗访、顾客满意度调查、服务区星级评定"等考核方式相结合,对于在服务区考核中多次不合格的服务区,采取通报批评、限期整改、终止经营资格、罚款、扣除履约保证金等惩罚措施,对于考核优秀的服务区,主要采取奖金制度、颁发优秀服务区证书或标牌、授予荣誉证书及优秀服务区称号等奖励方式。

#### 2.与投诉管理办法相结合

为确保高速公路服务区服务质量,各高速公路管理单位和服务区经营管理企业都设置了投诉受理部门,监督经营单位服务质量和服务水平,如遇顾客投诉且情况属实,对过错方予以处理,并责令赔礼道歉、赔偿损失。对于发生严重服务质量责任事故,受到驾乘集体投诉或新闻媒体曝光的服务区,或出现乱设卡、乱收费、乱罚款“三乱行为”的服务区,给予摘牌或罚款等惩罚措施。

3. 与履约保证金实施办法相结合

鉴于当前服务区经营主体多元化的现状,我国各服务区建立了服务区承租经营商履约保证金制度。服务区承租经营商必须向各路段经营管理单位交纳一定比例的服务质量保证金并签订服务质量承诺书。各高速公路管理单位以经营合同为依据,监督承包商履行合约,进行规范管理,确保社会效益和经济效益并重。如因承包商违约,而引起的服务不规范、环境卫生差等问题,将按照《履约保证金实施办法》给予经济处罚,并要求再次整改。履约保证金制度有效防止了承包人在合同执行过程中违反合同规定或违约。

在各高速公路服务区运营管理单位监督考核各服务区这一层面中,将奖惩制度的实施同样与个人的绩效相挂钩。

(五)信息公开

信息公开是政府和各种组织机构向公众公开或开放自己所拥有的信息,使其他组织机构和公众个人可以基于任何正当的理由和采用尽可能简便的方法获得上述信息。我国信息公开的基本要求是“公开为原则,不公开为例外”,电子政务是信息公开的重要载体。根据《中华人民共和国政府信息公开条例》,行政机关对符合要求的政府信息应当主动公开。

作为一项新兴的民主制度,信息公开在保障公民权利、监督行政权方面有着不可忽视的积极作用。对于高速公路服务区服务质量监管而言,信息公开的主体主要有行政机关、行业主管部门和服务区运营管理单位。服务区信息公开内容见表6-4。

服务区信息公开内容　　表6-4

| 相关部门 | 信息公开内容 |
| --- | --- |
| 行业主管部门 | 1. 各级交通运输行业主管部门负责高速公路服务区服务质量监管的机构设置、职能、办事程序、联系方式(包括地址、联系电话、电子信箱、工作时间等)情况；<br>2. 各级交通运输行业主管部门出台的高速公路服务区服务质量标准及管理办法等相关文件 |
| 服务区运营管理单位 | 1. 运营单位负责高速公路服务区服务质量监管相关机构设置、职能、办事程序、联系方式(包括地址、联系电话、电子信箱、工作时间等)；<br>2. 运营单位出台的高速公路服务区服务质量标准及管理办法等相关文件；<br>3. 各服务区负责质量监管的相关人员联系方式 |

### (六)监管主体间协调配合

高速公路服务区服务质量监管涉及各级行业管理部门、行业协会、企业及其他政府机构,由此监管主体间的协调配合包括横向和纵向层面。横向,由于涉及高速公路服务区质量监管的管理部门除了交通行业管理部门外,还涉及公安、卫生检疫、工商等诸多政府部门,因此,这些监管主体之间就服务区服务质量问题处理的协调配合对于服务区正常运营和发展具有重要作用,在我国现有政体下,不同政府机构间的沟通协调通常有较大难度,通常需要地方政府的参与和介入。纵向,主要是相关高速公路服务区服务质量的各级交通运输行业管理部门和企业之间的协调配合。由于是一个系统,同时行政隶属关系明确,因此,这些监管主体之间的沟通协调较前者更为顺畅。

## 第三节　高速公路服务区服务质量监管因素分析

由于影响高速公路服务区服务质量监管的主体涉及政府相关部门、行业协会、消费者等多个主体,同时其中又夹杂多种影响因素,采用解释结构模型(ISM)进行分析,可以厘清其中复杂关系,找出影响监管效果的核心因素,更有针对性地构建和完善我国高速公路服务区监管体系。

## 一、解释结构模型(ISM)

解释结构模型(Interpretation Structural Model,ISM)技术是美国J·华费尔特教授于1973年作为分析复杂的社会经济系统结构问题的一种方法而开发的。作为现代系统工程中广泛应用的一种分析方法,其特点是将复杂的系统分解为若干子系统要素,最终构成一个多级递阶的结构模型,从而将模糊不清的思想转化为直观的、具有良好结构关系的模型,进而观察这些关键要素之间的结构关系,并找到关键成功要素。特别适用于变量众多、关系复杂而结构不清晰的系统分析中,也可用于方案的排序等。

ISM的研究步骤分为以下五步:

①提出问题,采用创造性方法收集和整理系统的构成要素,设定某种必须考虑的二元关系,形成意识模型,并得到系统要素集,记为

$$\boldsymbol{N}=\{e_i \mid i=1,2,\cdots,n\} \tag{6-1}$$

式中,$e_i$表示第$i$个系统要素。

②判断要素集中每两个要素之间是否存在直接二元关系,并用邻接矩阵$\boldsymbol{A}(a_{ij})_{n\times n}$表示所有的直接二元关系。

$$a_{ij}=\begin{cases}1, & i\neq j\text{ 时要素}e_i\text{对要素}e_j\text{存在直接的二元关系}\\ 0,i=j; & i\neq j\text{ 时要素}e_i\text{对要素}e_j\text{不存在直接的二元关系}\end{cases} \tag{6-2}$$

③根据推移律特性计算可达矩阵$\boldsymbol{M}$,计算公式如下:

$$(\boldsymbol{A}+\boldsymbol{I})\neq(\boldsymbol{A}+\boldsymbol{I})^2\neq\cdots\neq(\boldsymbol{A}+\boldsymbol{I})^k=(\boldsymbol{A}+\boldsymbol{I})^{k+1}\quad(k\leqslant n-1)$$

$$\boldsymbol{M}=(\boldsymbol{A}+\boldsymbol{I})^{k} \tag{6-3}$$

式(6-2)、式(6-3)中矩阵的乘法满足布尔代数运算法则，$\boldsymbol{I}$ 是单位矩阵。这一算法的本质是把 $\boldsymbol{A}$ 加上 $\boldsymbol{I}$ 后按布尔代数运算法则进行自乘，直到某一幂次后所有乘积都相等为止，此相等的乘积就是可达矩阵。

④运用规范方法或实用方法，以可达矩阵为基础建立递阶结构模型，用多级递阶有向图来表示模型的结构。

⑤将解释结构模型与已有的意识模型进行比较，如果不相符合，返回步骤一对有关要素及其二元关系和解释结构模型进行修正。

解释结构模型建模步骤如图 6-2 所示。

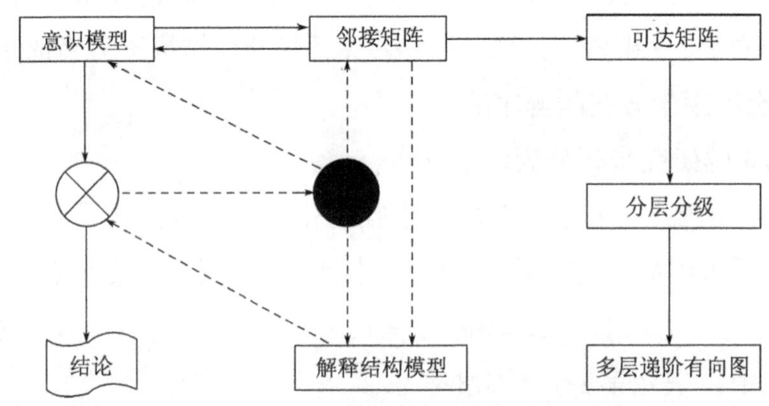


图 6-2　解释结构模型建模步骤

## 二、高速公路服务区服务质量监管的解释结构模型构建

除政府及政府机构、行业协会、消费者这三类监管主体外，鉴于服务区经营或承租单位是服务执行者这一重要地位，以及社会媒体对外部监管的重要影响力，从高速公路服务区整个系统考虑，本研究把服务区经营单位的内部监督和社会媒体也分别作为高速公路服务区服务质量监管的主体之一。从高速公路服务区服务质量监管的主体出

发，依据“政府监管、行业自律、社会监督、企业自控”四位一体的监管体系来选择影响高速公路服务区服务质量监管的重要因素，见图 6-3。

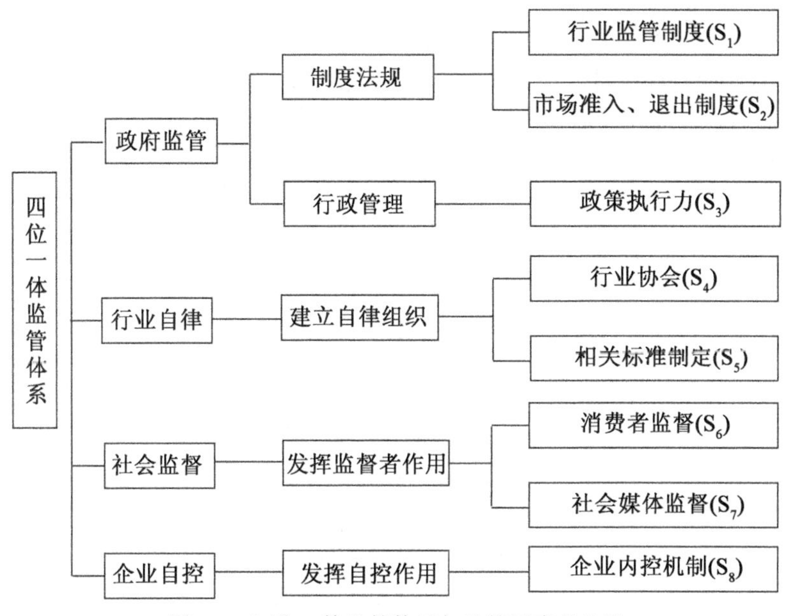


图 6-3　四位一体监管体系与监管因素的选取

政府监管要以完善的制度建设为依据，由管理部门依规章制度执行监管。从制度法规中选取行业监管制度（$S_1$），同时考虑服务区急需解决的市场准入、退出制度（$S_2$）；从行政管理中选取监管机构的政策执行力（$S_3$）。行业自律要成立自律组织并执行组织的职能，从中选取行业协会（$S_4$），在行业协会履行的职能中选取相关标准制定（$S_5$）。社会监督要发挥监督者的积极作用，选取消费者监督（$S_6$）及社会媒体监督（$S_7$）。此外，考虑到高速公路服务区服务质量监管主体中的企业内部管控，选取企业内控机制（$S_8$）。

通过两两比较判定所选择 8 个因素间的二元关系，见表 6-5。V 代表行影响列；A 代表列影响行；X 代表两个因素相互影响。其中的二元关系解释为：$S_1$ 行与 $S_6$ 列的交汇处二元关系符号为“V ”，表示行因素行业监管制度($S_1$)直接影响列因素消费者监督($S_6$),因为行业监管制度越完善,消费者越能依法进行维权,利于消费者对服务的监督。$S_5$行与$S_6$列的交汇处二元关系符号为“A”,表示列因素消费者监督($S_6$)影响行因素相关标准制定($S_5$),因为消费者监督效用的发挥,能促使相关标准中不合理部分的改进。$S_6$行与$S_7$列的交汇处二元关系符号为“X”,表示列因素社会媒体监督($S_7$)与行因素消费者监督($S_6$)两因素间相互影响。$S_2$行与$S_5$列交汇处空白,表示行影响因素市场准入退出制度($S_2$)与列影响因素相关标准制定($S_5$)互不影响。其他二元关系可类推。

**因素间的二元关系** 表 6-5

| V | V | V | V | V | V | V | $S_1$ |
|---|---|---|---|---|---|---|---|
| V | A | A |  | A | A | $S_2$ |  |
| V | V | V | V | V | $S_3$ |  |  |
| V | A | A | V | $S_4$ |  |  |  |
| V | A | A | $S_5$ |  |  |  |  |
| V | X | $S_6$ |  |  |  |  |  |
| V | $S_7$ |  |  |  |  |  |  |
| $S_8$ |  |  |  |  |  |  |  |

根据表 6-5 中的二元关系并加入单位矩阵,建立可达矩阵。因$S_6$与$S_7$存在强连接关系,所以略掉$S_7$,得表 6-6 所示缩减可达矩阵。例如,行因素行业监管制度($S_1$)影响列因素消费者监督($S_6$),所以在$S_1$行和$S_6$列交汇处将“V”以“1 ”代替;列因素消费者监督($S_6$)影响行因素相关标准制定($S_5$),所以在$S_6$行和$S_5$列交汇处将“A”以“1”代替。同时在同一因素的行列交汇处填“1”,形成单位矩阵。其他“1”可类推得到。

缩减可达矩阵　　表6-6

| | $S_1$ | $S_2$ | $S_3$ | $S_4$ | $S_5$ | $S_6$ | $S_8$ |
|---|---|---|---|---|---|---|---|
| $S_1$ | 1 | 1 | 1 | 1 | 1 | 1 | 1 |
| $S_2$ | | 1 | | | | | 1 |
| $S_3$ | | 1 | 1 | 1 | 1 | 1 | 1 |
| $S_4$ | | 1 | | 1 | 1 | | 1 |
| $S_5$ | | | | | 1 | | 1 |
| $S_6$ | | 1 | | 1 | 1 | | 1 |
| $S_8$ | | | | | | | 1 |

对上面的可达矩阵按每行“1”元素的个数由少到多重新排列；从左上角到右下角依次分解出最大阶数的单位矩阵。最终的下三角矩阵见表6-7。如$S_2$、$S_5$构成表6-7中2阶单位矩阵，表示这两个因素位于递阶有向图的同一层。

下三角矩阵　　表6-7

| | $S_8$ | $S_2$ | $S_5$ | $S_4$ | $S_6$ | $S_3$ | $S_1$ |
|---|---|---|---|---|---|---|---|
| $S_8$ | 1 | | | | | | |
| $S_2$ | 1 | 1 | | | | | |
| $S_5$ | 1 | | 1 | | | | |
| $S_4$ | 1 | 1 | 1 | 1 | | | |
| $S_6$ | 1 | 1 | 1 | 1 | 1 | | |
| $S_3$ | 1 | 1 | 1 | 1 | 1 | 1 | |
| $S_1$ | 1 | 1 | 1 | 1 | 1 | 1 | 1 |

根据表6-7绘制多级递阶有向图，得到解释结构模型（ISM），结果见图6-4。

如图6-4所示，行业监管制度是高速公路服务区服务质量监管的前提性因素；政策执行力是服务区服务质量监管能否落到实处的关键；消费者监督和社会媒体监督之间相互影响，社会监督的力度影响服务区服务质量的提高；完善的制度建设和消费者、社会媒体的积极监督，使行业协会加强行业自律；政府监管、行业自律、社会监督作用的发挥，能进一步提高高速公路服务区服务质量，包括完善市场准入、退出制度，制定相关标准等；完善的外部监管体系有利于加强服务区经营或承租单位自身管理，督促服务区经营企业把自身服务质量作为企业的生命线，最终提升高速公路服务区服务质量。

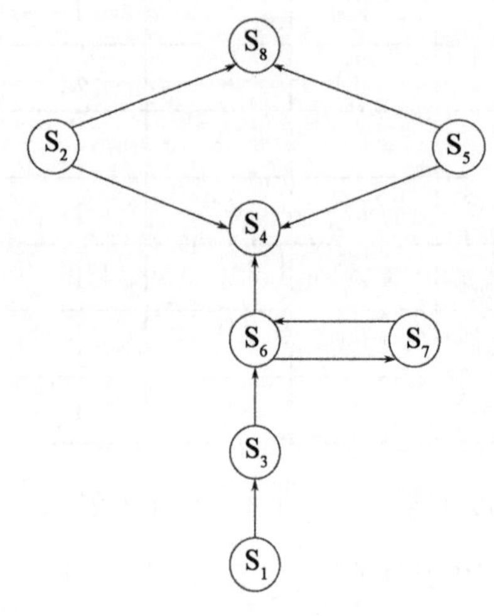


图 6-4　影响高速公路服务区服务质量监管重要因素的 ISM

从解释结构模型图可以看出，所有为监管而做的工作，最终都转化为服务区经营或承租单位自身加强内部管理，强化其对服务质量的认识，进而采取措施持续改善服务质量。因为服务区经营或承租单位是服务的提供者，他们是决定服务质量好坏的主观的、内部的因素，其他因素则是客观的、外部的。由此决定了外部监管的核心不是事后的惩罚与补偿等一系列手段和措施，其核心还是让运营企业认识到服务质量对其服务区生存和发展的意义和重要性。

## 第四节　高速公路服务区服务质量评价

提高服务质量必须首先建立科学的评价体系，对服务质量给出合理、公正的评价，才能认清问题，为提升管理水平、改善服务质量提供依据。

根据评价主体的不同,高速公路服务区服务质量评价可以分为内部评价和外部评价。内部评价是从行业主管部门或企业的角度对其提供的服务质量进行评价。外部评价是从顾客的角度,以顾客对其接受服务的感知或满意度作为评价依据。高速公路服务区服务作为一种服务,其目的是满足顾客在交通出行中对停车、休息、餐饮、加油等需求,因此顾客的感知质量或满意度是评价其服务质量的基本工具。但是,高速公路服务区服务的生产过程以设施投入为主,劳动密集程度相对较低,设施和环境对服务质量具有决定性的影响,而顾客对有形设施的评价受其认知能力和主观心理的影响,往往缺乏客观性、公正性,因此高速公路服务区服务质量的评价应该以行业部门的内部评价为主,对其设施、运营、环境、管理等系统进行详细分析,划分等级。同时,根据需要适度辅以外部评价。

## 一、高速公路服务区服务质量评价指标体系构建思路与原则

### (一)构建思路

指标体系的建立主要是指标选取及指标之间结构关系的确定。对于高速公路服务区系统,指标的选取和指标关系的确定,既要求对高速公路服务区所涉及的专业领域的知识、系统评价理论等有深度的把握,也要求必须具备丰富的应用研究经验。因此,高速公路服务区服务质量系统指标体系的建立过程应该是定性分析和定量研究的相互结合。定性分析主要是从评价目的和原则出发,考虑评价指标的完备性、针对性、稳定性、独立性以及指标与评价方法的协调性等因素,主观确定指标和指标结构的过程。定量研究则是指通过一系列检验,

使指标体系更加科学和合理的过程。因此,指标体系的构造过程可分成两个阶段,即指标体系的初选和指标体系的完善。

1. 指标体系的初选

指标体系的初选方法有综合法和分析法两类。综合法是指对已存在的指标群按一定标准进行聚类,使之体系化的一种构造指标体系的方法。如在一些拟定的指标体系基础上,作进一步归类整理,使之条理化后形成一套指标体系。分析法是指将度量对象和度量目标划分成若干部分,并逐步细分,直到每一部分都可以用具体的统计指标来描述、实现。

2. 指标体系的完善

初选后的指标体系未必是满意的,还必须对初选的指标体系进行完善化处理。测验每个指标的数值能否获得,那些无法或很难取得准确资料的指标,或者即使能取得但费用很高(高于指标体系本身所带来的社会与经济效益)的指标,都是不可行的。以及测验每个指标的计算方法、计算范围及计算内容的正确性。同时,还需对指标体系中指标的重要性、必要性及完备性进行分析。

(二)构建原则

影响高速公路服务区服务质量的内容是一个多因素、多层次的复杂结构体系,它不仅具有鲜明的层次性,从纵向可层层分解,而且各种因素之间又存在着错综复杂的关系。因此,应选择对服务区服务质量影响较大的因素来进行评价。因素评价指标的选择既要反映高速公路服务区服务质量的特性,又要全面反映服务区服务质量的效果,不仅能对评价对象进行科学、准确和客观的描述,同时还要具有实用的价值。

由高速公路服务区服务质量的概念、内容可见,要进行高速公路服务区服务质量评价工作,首先需要有一些能够科学地、全面地描述高速公路服务区服务质量实际状况的参数或物理量,这就是高速公路服务区服务质量评价的指标体系。基于高速公路服务区服务质量内涵的广泛性及其系统的复杂性,构建高速公路服务质量评价指标体系应遵循如下原则:

1. 目的性原则

设立高速公路服务区服务质量评价指标其目的是为了定量、定性地反映高速公路服务区的服务质量的状况。通过综合指标体系来为服务质量的改善与提高提供数据信息与咨询支撑。

2. 系统性原则

指标体系要能全面反映被评价对象的综合情况,从中抓住主要因素,既能反映直接效果,又能反映间接效果。由于高速公路服务区服务质量是一个涵盖多因素、多目标的复杂系统,其内部又包含诸多相互影响、相互作用的能提供相对独立功能的服务设施,因此,评价指标体系应力求全面反映服务质量的综合情况,既能反映高速公路服务区内部各服务设施的适应性,又能正确评估高速公路服务区系统与外部交通环境的关联,可以从系统的角度对服务质量的现状进行综合评价。

3. 简明性原则

选择的指标应尽可能简单明了,并具有代表性,能够准确清楚地反映问题。反映高速公路服务区服务质量的特征指标很多,评价指标虽然要求全面,但并不是越多越好。指标的设置要围绕评价目的有针对性地加以选择,每个指标的含义应科学明确,代表特征要清楚,且相互之间不应有交叉和重叠。在满足全面性的前提下,指标体系应尽可能简洁明晰,富有代表性,这样才不致给评价、分析比较造成困难和混乱。

4. 可比性原则

在确定高速公路服务区服务质量评价指标和标准时,应考虑地理空间及服务对象需求特性的差异及其影响,在选择单个指标的过程中,注重合理地选用相对指标与绝对指标,使得高速公路服务区服务质量的评价不仅适合于特定高速公路服务区需求与供给的评价,也适合于不同地区高速公路服务区之间的横向比较。

5. 层次性原则

在高速公路服务区服务质量的评价中,既需要针对单个分系统来进行评价,又需要针对高速公路服务区系统进行评价,以使得评价结论更为全面和完善,因而在指标体系设置中也需分层次来设置指标体系。

6. 适用性原则

设置指标的目的,是为分析评价服务,因此所选的指标不仅应有明确的含义,而且要有一定的外在表达形式,是能够计算或观察感受到的,这样才能在实际工作中应用。任何理论上再科学合理的指标,如果不能测度,也就没有实际的意义。所以评价指标的设置,还应考虑能够尽可能利用已有的或常规的统计数据和调查方法加以确定,从而保证指标的适用性和有效性。

7. 可操作原则

评价指标体系,力求达到层次清晰、指标精炼、方法简洁,使之具有实际应用与推广价值。为此,选取的指标要具有可操作性,设立高速公路服务区服务质量评价指标时,应根据目前高速公路服务区运营状况、管理系统实际环境、安全性能等,本着实用、可行来设计,最大限度地方便将来的实际应用和操作。一方面,在具体指标的设立上,指标应含义明确且易于被理解,指标量化所需资料收集方便,能够用现有方法和模型求解;另一方面,可操作性也体现了获得指标所付出的成本与它所能带来的实际收效之间的关系。如果对于某些指标而言,收集相关资料、汇总、分析的过程相当烦琐,成本较大,或目前的技术水平还无法收集该指标数据,则应考虑其是否有必要设立。

## 二、高速公路服务区服务质量评价指标体系的构建

### (一)影响因素分析

#### 1. 规划布局因素

高速公路服务区规划布局状况反映了高速公路服务区规划的合理性、布局的科学性、规模的匹配性等特征。在客观认识了规划布局条件对服务区服务质量的影响以后,我们应该更新服务区规划设计的思想。服务区的规划与设计,应注意保证服务区服务质量,尽可能创造一个能够为车、人提高水平服务的条件。高速公路服务区对规划布局的要求较高,一旦规划或者布局出现缺陷,往往会造成服务区人满为患、无处停车或者人和车辆寥寥无几,车辆服务及旅客服务质量的急剧下降。

规划布局条件主要包括规划服务区间距的合理性、服务区整体功能区布局的科学性、服务区设施设备配置规模的匹配性以及设施设备日常管养的及时性等方面。

2. 服务运营因素

高速公路服务区建成使用后,其规划布局的设施状况因素成为一种相对稳定的评价要素。服务区最基本的服务就是通过服务区内的停车场、公共卫生间、加油站、汽修站、便利店、客房、开水间等功能场所为驾乘人员和车辆提供全天候服务,确保食品安全卫生、油料供应充足、车辆维修便捷、环境整洁有序、服务周到温馨。这些参数表示了高速公路服务区的直接运营服务水平,是一些随着交通需求增长、时间周期变化以及设施水平变化而有可能动态波动的评价要素,是高速公路服务区服务质量最直观和最直接的系统性能。

服务运营因素主要包括停车场、加油站、汽修站等为车辆提供的续航及交通组织服务能力,便利店、客房、餐厅、开水间等为驾乘人员提供服务能力,以及服务区延伸服务如提供公路路况、公路气象、旅游出行等的服务能力。

3. 管理系统因素

高速公路服务区的管理系统是高速公路服务区服务质量的重要保障,是影响因素体系不可分割的组成部分。高效、完善的管理手段,将给高速公路服务区的运营提供一个良好的环境,为高速公路服务区充分发挥其功能,保障车辆和驾乘人员基本服务提供极其重要的作用。可以说,没有管理,就无法保证高速公路服务区正常有效地运营;管理的好坏,其运营结果和经济效益也大不相同。所以,对高速公路服务区必须进行科学的现代化管理。

管理系统因素主要包括服务区的管理体制、管理法规、管理人员素质、管理机制、安全管理与应急救援等内容。

4. 服务环境因素

服务环境是人们在服务区中所处的一种特殊环境，它由各种自然的和人工创造的环境条件所构成。它既能为服务区休息活动提供环境保障，发挥其积极作用，又能给服务区休息活动以制约，带来某些不利的影响，产生消极作用。

服务环境因素主要包括服务区绿化与美化、特色服务区建设等。

（二）指标体系构建

根据高速公路服务区服务质量影响因素的分析，为了科学全面地对高速公路服务质量做出评价，在构建高速公路服务区服务质量评价指标体系的方法和原则指导下，按照高速公路服务区服务质量评价指标体系结构，结合研究现状和已有研究成果，提出高速公路服务区服务质量的评价指标体系，见表6-8。

**高速公路服务区服务质量评价指标体系**　　表6-8

| 目标层 | 准则层 | 指标 | 测量项目 |
|---|---|---|---|
| 高速公路服务区服务水平 | 规划布局 | 服务区间距 | 服务区间距 |
| | | 功能布局 | 基本功能设施的完备性<br>功能区布局的科学性 |
| | | 设施规模 | 设施规模的匹配性<br>高峰期的可扩容性 |
| | | 设施设备管养 | 设施设备管养的及时性 |
| | 运营服务 | 服务水平 | 服务态度<br>仪容仪表 |
| | | 经营水平 | 价格水平<br>公平交易 |
| | | 环境卫生 | 环境卫生 |
| | | 交通组织 | 交通疏导管理 |

续上表

| 目标层 | 准则层 | 指　标 | 测量项目 |
| --- | --- | --- | --- |
| 高速公路服务区服务水平 | 运营服务 | 延伸服务 | 提供交通拥堵信息<br>季节性增值服务<br>线路、天气查询 |
| | 管理系统 | 管理制度 | 企业管理标准<br>作业标准<br>规章制度(投诉管理制度) |
| | | 管理机制 | 监督检查机制<br>竞争机制 |
| | | 安全管理 | 消防设施、常规安全管理 |
| | | 应急管理 | 人员急救、车辆救援、<br>救援装置、应急预案 |
| | 服务环境 | 绿化 | 绿化率 |
| | | 环保 | 污水排放标准<br>生活垃圾处理 |
| | | 节能 | 节能、环保和循环利用技术 |
| | | 特色服务 | 地方特色商品、餐饮<br>有加气站、充电站等 |

(三)评价指标释义

在确定的评价指标体系中,由于各个指标量纲不同,不具可比性,而且类型也不同,有些是定性指标,有些是定量指标。若不对指标的价值进行量化,将无法实现综合评价,指标量化的关键是给出具体的、严谨的量化数量等级标准,为使量化方法统一简单,便于掌控应用,我们将各评价指标评价标准划分为(好、较好、一般、较差、差)五级标准,对于定性指标以描述性语言说明划分,对于定量指标以具体参数值划分。

1. 目标层

高速公路服务区服务质量作为目标层的综合指标，在时间尺度上反映高速公路服务区服务质量系统的规划、建设、管理、养护的发展状况和发展态势；在空间尺度上反映高速公路服务区服务设施和管理体系的优化特征；在数量上反映高速公路服务区服务质量系统的总体规模和发展水平；在质量尺度上反映高速公路服务区服务质量系统综合服务功能、服务能力；在总体上综合反映高速公路服务区服务质量的状况。

2. 准则层

（1）高速公路服务区布局规划

主要通过服务区间距、功能布局、设施规模和设施设备管养来表征。这几个指标所要考虑的具体测量项目包括服务区间距合理性、基本功能设施的完备性、功能区布局的科学性、工艺流线的合理性、设施规模的匹配性、高峰期的可扩容性、设施设备管养的及时性等指标。

①服务区间距

目前我国已建的高速公路服务区的设施间距，基本参考日本的间距设置。高速公路服务区间距设置主要在 50km 左右。服务区间距过小则不经济，服务区间距过大则不方便旅客到服务区进行休息、加油等活动。服务区间距评价指标参考标准见表 6-9。

服务区间距评价指标参考标准　　表 6-9

| 标准 | 好 | 较好 | 一般 | 较差 | 差 |
| --- | --- | --- | --- | --- | --- |
| 服务区间距 | 45～55km | 40～45km 或 55～60km | 35～40km 或 60～65km | 30～35km 或 65～70km | 30km 以内或 70km 以上 |

②功能区布局

服务区布局包含服务区设施是否齐全和设施布局是否合理两个方面。服务区设施齐全是指服务区拥有餐饮、停车、卫生间、便利店、加油(气)、充电、住宿、汽车修理等多种满足人车需求的服务设施。服务区设施布局的合理性是指设施设置科学,结构可靠,经济实用,工艺流线合理。其中,服务区设施完备度可以用服务区所提供的服务功能种类数与服务区需提供的功能总数之比来进行计算,计量单位为%,计算公式为:

设施完备度=实际服务功能种类数/规范要求的功能种类数

功能区设施完备度评价指标标准见表6-10。

**功能区设施完备度评价指标标准** 表6-10

| 标准 | 好 | 较好 | 一般 | 较差 | 差 |
|---|---|---|---|---|---|
| 设施完备度 | 90%~100% | 80%~90% | 70%~80% | 60%~70% | 60%以下 |

③设施规模

主要是指服务区的住宿、餐饮、停车、卫生间、便利店、加油、汽车修理等服务环节较为快捷,避免顾客长时间排队等待服务。功能设施规模数量与日常车辆、旅客峰值相匹配,满足非重大节假日驾乘人员需要。重大节假日期间能及时开启临时辅助设施。设施规模的匹配性可以用服务设施供需相对差来计算表征。计算公式为(单位%):

$$\text{设施供需相对差}=\frac{\sum_{n=N}^{i}\frac{D_i}{C_i}}{N} \tag{6-4}$$

式中:$D_i$——第 $i$ 种服务设施的需求量;

$C_i$——第 $i$ 种服务设施的设计能力;

$N$——服务设施总数。

设施供需相对差评价指标参考标准见表6-11。

**设施供需相对差评价指标参考标准** 表6-11

| 标准 | 好 | 较好 | 一般 | 较差 | 差 |
|---|---|---|---|---|---|
| 设施供需相对差 | 70%以下 | 70%～90% | 90%～100% | 100%～120% | 120%以上 |

④设施设备管养

服务区设施维护良好主要是指服务区设施能够定期得到较好的保养和修缮。这与服务区设施设备管养频率、使用过程中的保护程度等因素均有重要关系。

设施设备管养评价指标参考标准见表6-12。

**设施设备管养评价指标参考标准** 表6-12

| 标准 | 好 | 较好 | 一般 | 较差 | 差 |
|---|---|---|---|---|---|
| 设施设备管养频率 | 定期配备专人保养 | 定期保养 | 按设备设计标准和使用情况进行保养 | 保养频率较低,设备出现故障时才进行修缮 | 基本不保养 |

(2)高速公路服务区运营服务

主要通过服务水平、经营水平、环境卫生、交通组织、延伸服务来表征。这几个指标所要考虑的具体测量项目包括服务态度、仪容仪表、标准化作业水平、经营证件是否齐全、价格水平、公平交易、场区环境卫生、交通流线合理、交通标志清晰、停车分区管理、交通疏导管理、提供交通拥堵信息、季节性增值服务、线路天气查询、主题服务区等指标。

①服务水平

服务区以人员和车辆的休息为主要服务目的,是常见的顾客与员工的接触环节,其工作人员的服务态度也会影响顾客对服务质量的感知。以下几项可用于服务水平评价指标的评判:

服务区实行专业化物业管理和标准化作业；

服务区工作人员着统一工装、佩戴工牌，仪容仪表整洁、姿态端正，无聚众聊天、玩手机等与工作无关的行为；

重大节假日期间加派人员，疏导车辆，维护秩序；

24 小时免费开放。

②经营水平

以下几项可用于经营水平评价指标的评判：

服务区有各项经营活动，经营主体应证照齐全，经营许可证等证照在明显位置公开悬挂；

商品或服务价格应明码标价，一货一签，公平交易，无强卖现象；

瓶装水和方便面等大众化商品实行“同城同价”，并能够按规定开具发票；

大宗商品价格相对差，计算公式为（单位%）：

大宗商品价格相对差 = 服务区同一类型同一品牌商品实际价格/城市区商品价格。

③环境卫生

服务区各场所的环境卫生条件是影响旅客在服务区休息的重要因素之一，以下几项可用于环境卫生评价指标的评判：

服务区应保持各类设施设备干净整洁；

各场区地面洁净，无垃圾、杂物、积水、痰迹、污渍；地面、草坪内干净，无垃圾、无杂物、积水；

光线良好、空气清新、无异味；

适当摆放盆景、盆花等装饰品，播放背景音乐。

④交通组织

服务区的一个重要功能就是提供车辆的停放，交通组织的好坏非常重要，以下几项可用于服务水平评价指标的评判：

场区内交通标志标线应符合相关标准，齐全清晰；

交通流线科学合理设计，人流、车流路线明确、简捷、安全；

停车位实行划区设置。可实现小型客车、大型客车、大型货车分区停放，危险化学品车、牲畜运输车专区停放；

重大节假日期间能够加派人员，疏导车辆，维护秩序。

⑤延伸服务

以下几项用于延伸服务评价指标的评判：

服务区提供季节性增值服务，是指针对不同季节特点，提供的满足顾客需要的服务，如夏季开放浴室供司机冲凉、提供解暑食品等；

能满足顾客的特殊要求，主要是指一些不在高速公路规定服务范畴内的要求，如提供晕车药、风油精等；

及时提供路况信息、线路查询、天气查询是高速公路行车安全性和便捷性的重要保证，主要是指高速公路通过车载广播等途径主动地为行车者提供相关信息；

服务区还可结合当地特色，提供地方特产，甚至建设主题服务区。

(3)高速公路服务区管理系统

主要通过管理制度、管理机制、安全与应急管理来表征。这几个指标所要考虑的具体测量项目包括企业管理标准、作业标准、企业规章制度(投诉管理制度)、企业监督检查机制、品牌经营、竞争机制、消防设施、人员急救、车辆救援、救援装置、应急预案、应急演练等指标。

①管理制度

管理制度健全与否在很大程度上决定着服务区的服务水平，以下几项可用于管理制度评价指标的评判：

服务区管理体制应合理高效，制度健全、得力，管理组织、方法、手

段现代化;

具有完善的服务区行业管理标准;

设立监督公示栏,公示服务区、管理单位和上级主管部门的监督电话,24 小时有人接听,对投诉要及时反馈。

②管理机制

服务区应制定科学有效的监督检查机制,以下几项可用于管理机制评价指标的评判:

制定科学有效的监督检查机制;

按期开展服务区日常管理及服务质量考核;

服务区引进专业化团队或知名品牌企业参与经营;

开放服务区市场,完善竞争机制。

③安全

以下几项可用于安全评价指标的评判:

各场区配有符合消防部门要求的消防器材,保持安全通道畅通,火灾逃生路线指示图清晰准确;

服务区内保安全天候值守,严格执行巡检制度,巡检记录内容完整可查;

配有符合消防部门要求的消防器材。各类消防器材完好可用。灭火器有托架,与地面距离符合标准;

食材进货渠道符合餐饮业相关法规,实行索证和台账管理制度。无假冒伪劣商品。

④应急

应急主要表现在对紧急事件进行及时反应,恰当处理。

以下几项可用于应急评价指标的评判:

服务区管理单位应制定突发事件(反恐、消防、危险化学品泄漏、抢险救灾等）应急预案；

提高突发事件应对能力，定期组织演练；

安全通道畅通，火灾逃生路线指示图清晰准确。

（4）高速公路服务区服务环境

主要通过绿化、环保、节能及特色服务来表征。这几个指标所要考虑的具体测量项目包括绿化率、视觉景观、污水排放标准、生活垃圾集中无害化处理、汽修垃圾回收、节能和循环利用技术等指标。

①绿化

服务区各场区应有绿化，绿化区域无黄土裸露、无杂草杂物。绿化形式多样，布局简洁明快，能与周边景观相协调。绿化率要符合地方和国家的绿化标准。

计算公式为（单位%）：

绿化率＝服务区绿地面积/服务区占地面积

绿化率评价指标参考标准见表6-13。

**绿化率评价指标参考标准**　　表6-13

| 标准 | 好 | 较好 | 一般 | 较差 | 差 |
|---|---|---|---|---|---|
| 绿化率 | 30%以上 | 20%～30% | 15%～20% | 10%～15% | 10%以下 |

②环保

以下几项可用于环保评价指标的评判：

服务区污水排放达标；

生活垃圾实现无害化处理；

汽修垃圾实现回收处理；

积极推广应用各类环保和循环利用技术。

③节能

以下几项可用于节能评价指标的评判：

服务区设计和建设满足国家节能标准；

运营过程中在满足服务质量的前提下尽量降低能耗；

使用节约型能源；

积极应用各类先进节能技术。

### (四)该评价指标体系与交通运输部《全国高速公路服务区服务质量等级评定办法》的关系

交通运输部于2015年2月28日印发了《全国高速公路服务区服务质量等级评定办法(试行)》(以下简称《评定办法》),该办法从印发之日起施行。本书也从研究的角度提出了服务区服务质量评价指标体系,两套指标体系出发点相同,但在具体的指标体系构成上有一些不同,主要表现在以下几个方面：

一是指标维度不同。《评定办法》主要从公共卫生间、公共场区、餐饮、便利店、加油(加气、充电)站、车辆维修站、客房七项服务区设施的基础设施、环境卫生、文明服务、安全管理来进行等级评定,同时考虑综合服务和基础管理两个方面的内容。本书则着重从规划布局、运营服务、管理系统、服务环境四个方面来进行评价。

二是侧重点不同。《评定办法》更加注重各服务设施软服务质量的评价,且指标更加详细。本书则更加注重规划、布局、环境等服务的基础条件建设。

三是指标不同。《评定办法》指标全部为定性指标。本书则采用定性指标和定量指标相结合的方式来构建指标体系。

## 三、高速公路服务区服务质量系统评价方法

### (一)评价思路

高速公路服务区服务质量评价属于多指标综合评价方法,该方法

是把多个描述被评价事物不同方面且量纲不同的统计指标，转化成无量纲的相对评价值，并综合这些评价值得出对该事物一个整体评价的方法系统。国内外关于多指标综合评价的方法很多，按大类可分为常规多指标综合评价方法、模糊综合评判方法和多元统计综合评价方法等。虽然方法各异，但其评价原理和步骤基本一致。综合评价方法流程如图6-5所示。

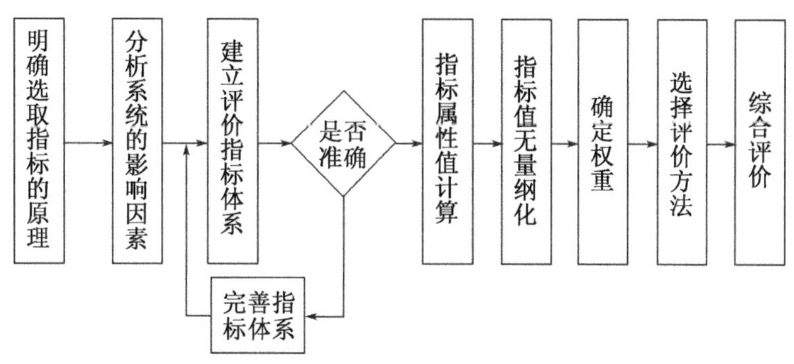


图6-5　综合评价方法流程

高速公路服务区服务质量评价指标体系为一个多目标、多层次的评价指标体系，需要将多个指标信息综合起来，进行横向和纵向比较，全面、综合地反映高速公路服务区的整体情况。评价的思路和步骤为：

步骤一：选择评价指标，按高速公路服务区服务质量评价目的分类建立评价指标体系；

步骤二：收集指标数据并进行标准化（无量纲化）处理；

步骤三：按所选择的多指标综合评价方法对高速公路服务区服务质量的规划布局、服务运营、管理系统、服务环境进行评价；

步骤四：最后，综合上述结果得出高速公路服务区服务质量的评价结果。

(二)评价指标值的无量纲化

首先根据前述提出的各评价指标评价方式,计算高速公路后评价综合评价各个评价指标的评价值,再运用评价指标(定性和定量)无量纲化计算方法,对指标进行无量纲化。

(三)建立评语集

由于涉及技术、经济等不同领域,为全面、真实地反映项目的实际情况,可以通过高速公路后评价指标评价标准。首先将评语集分成不同的等级,一般分为"好""较好""一般""较差""差"五个等级,再将这些评价等级构成评价论域,根据专家调查的结果,采用统计分析方法确定各项指标的评价标准值。

高速公路服务区服务质量评价标准见表6-14。

**高速公路服务区服务质量评价标准** 表6-14

| 综合评价情况 | 好 | 较好 | 一般 | 较差 | 差 |
|---|---|---|---|---|---|
| 评分取值标准 | 100 ~ 80 | 80 ~ 60 | 60 ~ 40 | 40 ~ 20 | 20 ~ 0 |

(四)计算指标值的权重并确定评价指标的隶属度

根据专家调查的结果,采用统计分析方法确定各项指标的评价标准值,运用层次分析法计算出各子目标在综合评价中的权重。

在进行综合评价前,首先应确定评价指标对每个选择等级的隶属度。根据参与调查的专家按照评语集给出等级,分别统计各指标属于每个评价等级的频数,据此计算出每个指标的单因素评价集为:

$$r_{ij} = \{(k_{ij1}/n),(k_{ij2}/n),(k_{ij3}/n),(k_{ij4}/n),(k_{ij5}/h)\} \tag{6-5}$$

式中,$n$ 为调查的专家的个数。

## （五）综合评价

### 1. 常用的评价方法

指标体系评价方法主要有综合指数评价法、模糊综合评价法、主成分分析法。

（1）综合指数评价法

综合指数评价法是根据指数分析的基本原理，在确定各指标权数后用加权算术指数公式，对评价对象进行综合评价分析的一种方法。常用的指数评价分析有以下几种：

①简单叠加法

简单叠加法认为系统的评价结果是各子系统共同作用的结果，因而各子系统的作用和影响，必然大于其中任一个子系统的作用和影响。用所有评价参数的相对指数的总和，可以反映出系统的综合评价结果，计算公式如下：

$$y = \sum_{j=1}^{m} x_j \tag{6-6}$$

②线性加权法

线性加权法适用于各评价指标间相互独立的情况，权重系数的作用比在其他方法中更明显，且突出了指标值或指标权重较大者的作用对于无量纲的指标数据没有特定的要求，容易计算、便于推广普及，计算公式如下：

$$y = \sum_{j=1}^{m} w_j x_j \tag{6-7}$$

③非线性加权法

非线性加权法适合于各指标间有较强关联的情况，强调的是无量纲指标值大小的一致性，即突出评价指标值中较小者的作用指标权重系数的作用不如线性加权法那样明显，对指标值的数据要求较高，要求无量纲指标值均大于或等于1。一般的非线性加权计算方法通常采用如下公式：

$$y = \prod_{j=1}^{m} x_j^{w_j} \tag{6-8}$$

(2)模糊综合评价法

模糊综合评价是以模糊数学为基础，应用模糊关系的合成原理，将一些边界不清、不易定量的因素定量化再进行综合评价的一种方法。它是通过构造等级模糊子集，把反映被评的事物的模糊指标进行量化即确定隶属度，然后利用模糊变量原理对各指标综合，模糊综合评价的一般流程如下：

①确定评价对象集、因素集：$\boldsymbol{O} = (O_1, O_2, \cdots, O_n)$，$\boldsymbol{U} = (U_1, U_2, \cdots, U_n)$，其中，$U_i(i=1,2,\cdots,n)$为综合评价的因素；评语等级$\boldsymbol{V} = (V_1, V_2, \cdots, V_n)$为评价结果，$\boldsymbol{U}$和$\boldsymbol{V}$都是给定的有限论域。

②建立评价因素权分配矩阵，一般情况下，$n$个评价因素对被评事物并非同等重要，各单方面因素的表现对总体表现的影响是不同的，因此在合成运算前要确定模糊权分配向量$\boldsymbol{A} = (A_1, A_2, \cdots, A_n)$，根据归一化原则，$\sum_{i=1}^{n} A_i = 1$。

③进行单因素评价，建立模糊关系矩阵$\boldsymbol{R}$。在构造了等级模糊子集后，就要逐个对被评价事物从每个因素$U_i(i=1,2,\cdots,n)$上进行量化，建立Fuzzy关系矩阵$\boldsymbol{R}$，$\boldsymbol{R}$种元素$r_{ij}$是对象$O_j$在因素$U_i$上关于评语$C$的特性指标，称为隶属度，故$r_{ij} \in [0,1]$。

对于有限论域$\boldsymbol{U}$上的每个因素$U_i$都有一个单因素评价矩阵，$R_i = (r_{i1}, r_{i2}, \cdots, r_{im})$，其中$r_{ij}$表示第$i$个因素对于第$j$个评价等级的隶属度，矩阵中的不同行反映了被评价事物从不同的单因素来看对各等级模糊子集的隶属程度。

$$\boldsymbol{R}=\begin{bmatrix} r_{11} & r_{12} & \cdots & r_{1m} \\ r_{21} & r_{22} & \cdots & r_{2m} \\ \vdots & \vdots & \ddots & \vdots \\ r_{n1} & r_{n2} & \cdots & r_{nm} \end{bmatrix} \tag{6-9}$$

计算评价结果矩阵 $\boldsymbol{B}$,其中 $\boldsymbol{B}=\boldsymbol{A}\times\boldsymbol{R}$。模糊综合评判就是给定 $\boldsymbol{A}$ 和 $\boldsymbol{R}$,通过模糊变换得到 $\boldsymbol{B}$,其中 $\boldsymbol{A}$ 表示诸因素的权重分配,$\boldsymbol{B}$ 表示评价结果,“ · ”为广义模糊算子。

$$\boldsymbol{B}=(b_1b_2\cdots b_m)=(a_1a_2\cdots a_n)\cdot\begin{bmatrix} r_{11} & r_{12} & \cdots & r_{1m} \\ r_{21} & r_{22} & \cdots & r_{2m} \\ \vdots & \vdots & \ddots & \vdots \\ r_{n1} & r_{n2} & \cdots & r_{nm} \end{bmatrix} \tag{6-10}$$

④对模糊综合评价结果向量进行分析。每一个被评价事物的模糊综合评价结果都表现为一个模糊向量,这与其他方法中每一个被评事物得到一个综合评价值是不同的,它包含了更丰富的信息。对不同的一维综合评价值可以方便地进行排序比较,而对不同的多维模糊向量进行比较排序就需要结合问题具体分析了,常采用最大隶属度原则、加权平均法、模糊向量单值化法等进行分析处理。

(3)主成分分析法

主成分分析法对系统中的各待评因素集之间的相互关系进行分析,将多个待评因素转化为少数几个综合指标的统计分析方法。主成分分析法的工作目标,就是要在力保数据信息丢失最小的原则下,对高维变量空间进行降维处理即在保证数据信息损失最小的前提下,经线性变换和舍弃一小部分信息，以少数的综合变量取代原始采用的多维变量。

设承载能力指标为 $x_1, x_2, \cdots, x_j$，主成分分析后得到的新指标为 $z_1, z_2, \cdots, z_m$ 均是 $x_1, x_2, \cdots, x_j$ 的线性组合（$m<j$）。$z_1, z_2, \cdots, z_m$ 构成的坐标系是在原坐标系经平移和正交旋转后得到的，称 $z_1, z_2, \cdots, z_m$ 长成的空间为 $m$ 维主超平面。在主超平面上，第一主分量 $Z_1$ 对应于数据变异最大的方向，对于 $z_1, z_2, \cdots, z_m$ 依次有 $V(Z_1) > V(Z_2) > \cdots > V(Z_m)$，因此，$Z_1$ 是携带原数据信息最多的一维变量。而 $m$ 维主超平面是保留原始数据信息量最大的 $m$ 维子空间。

主要步骤如下：

①数据的标准化处理

$$y_{ij} = \frac{x_{ij} - x_j}{s_j} \tag{6-11}$$

式中，$i=1,2,\cdots,I; j=1,2,\cdots,J$。

$x_{ij}$为第 $i$ 个分区第 $j$ 个指标的值，$x_j, s_j$ 为第 $j$ 个指标的样本均值和样本标准差。

②计算数据表$(y_{ij})i*j$ 的相关矩阵 $\boldsymbol{R}$。

③求 $\boldsymbol{R}$ 的 $J$ 个特征值：$\lambda_1 \geqslant \lambda_2 \geqslant \cdots \geqslant \lambda_J$，以及对应的特征向量 $u_1, u_2, \cdots, u_j$，它们的标准正交 $u_1, u_2, \cdots, u_j$ 称为主轴。

④求主成分

$$Z_k = \sum_{j=1}^{J} u_j x_j \tag{6-12}$$

式中，$j=1,2,\cdots,J; k=1,2,\cdots,J$。

2. 方法选择

高速公路服务区服务质量评价需要将多个指标信息综合起来，进行横向和纵向比较,全面、综合地反映高速公路服务区的整体情况。因此,多指标评价与综合评价,是高速公路服务区服务质量评价的一个重要特点,因此,本项目将根据高速公路服务区服务质量评价的特点,选用多级模糊识别理论与层次分析法相结合的方法——多级模糊识别评价法来进行综合评价。多指标综合评价方法近几年得到很大的充实和丰富,主要表现在以下几个方面:

(1)评价所用的指标是多种多样的,评价的问题也不是单一的,模糊数学在综合评价中得到了较为成功的应用,产生了适合对主观或定性指标进行评价的模糊综合评价方法。

(2)多指标综合评价中比较难以解决的是多个指标间的信息重复问题,即指标之间存在相关性。主成分分析、因子分析、判别分析和聚类分析等方法较好地解决了这些问题。

(3)由于评价对象的多样性及评价的决策作用,多目标决策方法也融入综合评价中来,比如功效系数法、层次分析法等,开拓了综合评价的思路。

高速公路服务区服务质量指标是一个多层次混合评价指标体系,对于这类多层次、多属性的综合评价问题,存在多种解决方案,但在现有的方案中,模糊评价对于多层指标的综合评价是目前使用较为成熟、操作性较强的评价手段。研究采取模糊综合评价,结合层次分析法确定指标权重的思路来进行高速公路服务区服务质量评价。

3. 模糊综合评价

假设评价问题的评价目标为 $\boldsymbol{B}$(综合评价值),相应的评价指标(规范化)矩阵为 $\boldsymbol{Q} = \{x_1, x_2, x_3, \cdots, y_1, y_2, y_3, \cdots z_1, z_2, z_3, \cdots, v_1, v_2, v_3, \cdots\}$,相应的权重矩阵为 $\boldsymbol{W} = \{w_1, w_2, \cdots, w_n\}$,则有

$$B = \boldsymbol{Q} \cdot \boldsymbol{W}^{\mathrm{T}} = \sum_{i=1}^{i} x_i w_i + \sum_{j=1}^{j} y_j w_j + \sum_{l=1}^{l} z_l w_l + \sum_{h=1}^{h} v_h w_h \tag{6-13}$$

式中:$x_i$、$y_j$、$z_l$、$v_h$——各制约因素的评价值;

$w$——各制约因素相应的权重。

在进行模糊综合评价时,首先根据确定的模糊隶属度,构造出模糊关系矩阵:

$$\boldsymbol{R}_i = \begin{bmatrix} r_{i11} & r_{i12} & \cdots & r_{i1n} \\ r_{i21} & r_{i22} & \cdots & r_{i2n} \\ r_{i31} & r_{i32} & \cdots & r_{i3n} \end{bmatrix} \tag{6-14}$$

由广义模糊合成运算得到准则层的评价集合为:

$$\boldsymbol{A}_i = c_i \cdot R_i \quad (i = 1,2,3,4,5,\cdots) \tag{6-15}$$

经过归一化处理,得评价对象的模糊评价矩阵为:

$$\boldsymbol{A}_i = b \cdot [A_1, A_2, A_3, A_4, A_5, \cdots]^{\mathrm{T}} \tag{6-16}$$

式中,$\boldsymbol{A}_i$ 为高速公路服务区服务质量综合评价的隶属度,根据最大隶属度原则进行最终评价。

# 第七章

# 我国高速公路服务区品牌创建

## 第一节　高速公路服务区品牌建设现状

2014 年 9 月，交通运输部印发《交通运输部关于进一步提升高速公路服务区服务质量的意见》（交公路发〔2014〕198 号）。作为指导我国高速公路服务区发展的纲领性文件，《意见》明确提出："鼓励创建具有市场竞争力的管理品牌、服务品牌或产品品牌"。管理品牌、服务品牌、产品品牌都属于服务区品牌的范畴。

近年来，国内对高速公路服务区管理的研究不断探索和深入，诸如服务设施、服务功能、品牌化战略以及文化建设、功能区分等都有较多研究。尤其是在品牌建设方面，近年来，有多个省份采取了一系列措施升级改造服务区服务设施，提升服务区品质，开展服务区品牌建设。涌现出了浙江的高速驿网、佰里庭，河北的高速之家等服务区一体化品牌，河北的祥和驿都、兆通我家等服务区个性化品牌，广西的旅岛、广东的乐驿、湖南的好相惠、浙江的驿佰购、安徽的驿达万佳等服务区零售品牌，湖北的京通精修、福建的正兴一家人等服务区汽车维修品牌等。

高速公路服务区作为服务型组织，其最基本的产品就是服务。服务具有六个显著的特点，包括无形性、生产与消费的不可分割性、无法储藏、差异性、以客户为本、顾客接触度高等。其中服务的不可分割性决定了只有服务提供商和顾客双方合作、互动，才能产生服务，进而使服务具有最大价值，因此体验营销是服务的基础。

## 第二节　高速公路服务区品牌建设经验借鉴

服务区品牌建设可参考其他行业成功的品牌建设经验，如中国烟草行业品牌建设；也可参考行业内典型的品牌建设经验，如浙江高速驿网建设经验。

### 一、中国烟草行业品牌建设经验

中国烟草行业服务品牌建设规模较大，探索较深入，系统化程度较高，是行业服务品牌建设的典范。中国烟草行业服务品牌建设经过“百花齐放、百家争鸣”阶段后最终走向省级公司服务品牌一体化。2006 年国家烟草局提出“努力打造中国烟草服务品牌和中式卷烟代表品牌”，强调服务品牌的重要意义，提出要建立“具有行业文化特色的服务品牌”。2007 年，各省、市部分单位先行先试，创建自己的服务品牌，如嘉兴市烟草公司的“春蚕服务”，绍兴市烟草公司的“放心服务”，舟山市烟草公司的“水手服务”等。2008 年国家烟草局推行服务品牌试点建设，重庆市烟草公司和太原市烟草公司等 13 家商业企业被国家烟草局确定为试点单位，行业内服务品牌建设的大幕正式拉开。2009 年继续深入推进 13 家服务品牌建设试点单位工作，并开始服务品牌建设试点经验推广，发力服务品牌体系构建，并注重服务品牌建设的日常化、制度化，与企业生产经营管理相结合，行业服务品牌建设开始走向系统化和规范化。2010 年国家烟草局将服务品牌建设的意义提升到“卷烟上水平”和提升中国烟草总体竞争实力的高度，明确服务品牌建设要做到“三性八有”，明确省级和地市级单位服务品牌建设职能分工，提出服务品牌建设的长远目标是追求“更深、更新、更温暖”。2011 年国家烟草局明确提出省级公司要全面开展“一体化”建设，狠抓亮点单位，突出特色服务。比如湖南省烟草公司形成了“636 服务”一体化品牌(母品牌)，允许下属各地市烟草公司的子品牌并存。各地市烟草公司子品牌包括长沙市烟草公司的“紫荆”服务品牌、岳阳市烟草公司的“先锋”服务品牌、益阳市烟草公司的“倾诚”服务品牌等，以 636 服务为核心的母子品牌方阵在湖南省为广大消费者所认知，在烟草行业内也具有很高的知名度。烟草行业在服务品牌建设工作的推进中，各单位既关注服务的接受者，又关注服务的提供者。着力转变员工意识，提升员工能力，增强员工素养，提高服务水平，有效提升了服务品位，拓展了优质服务，推动了服务创新，扩大了品牌影响。服务品牌建设促进了烟草公司由卖产品向卖服务转变、由传统商业向现代流通转变，从而为消费者提供更好的产品，为客户创造更大的价值，为国家创造更多的利税，为社会承担更多的责任，具有国际一流水平的现代卷烟流通体系初步建成。2014 年烟草行业实现工商利税达到 10517 万亿元，比 2004 年的 2100 亿元增长了 400%。

从中国烟草行业品牌的成功建设可以得到品牌建设的几点启示：

一是一个行业开展服务品牌建设说明“以客户为中心”服务意识成为整个行业的集体意识，能促进整个行业的成长，能提升行业的整体社会形象。

二是在一个行业内实行服务品牌一体化建设有利于提高服务品

牌的认知度、美誉度和忠诚度，增强服务品牌的对外影响力和对内向心力。

三是服务品牌建设是文化力转化为经济力的重要抓手，是企业战略任务实现的重要保证。

## 二、浙江高速驿网品牌建设经验

高速驿网是浙江省交通实业公司下属服务区经营管理品牌。浙江交通实业公司是浙江省交通投资集团全资子公司。2015 年，浙江省通车高速公路里程达 3800km，已建成服务区 69 对，省内高速公路投资主体呈现多元化态势，外资、民企和省地国企等 42 家投资主体参与到全省高速公路投资建设，其中省属国有投资主体为浙江省交通投资集团有限公司。浙江省交通投资集团有限公司拥有服务区 39 对、停车区 5 对。浙江省交通实业公司经营其中 32 对服务区、5 对停车区，占地最大的是甬台温高速公路上的台州服务区，占地 255 亩；占地最小的是甬舟高速公路上的舟山服务区，占地 30 亩。各服务区占地面积共 4400 亩，建筑面积共有 22 万平方米。

2010 年之前，浙江省交通投资集团旗下 37 对服务区、5 对停车区，由 8 家路公司分散条线管理。服务区呈现管理水平参差不齐、联动效能不足、规模效应难以体现、专业品质经营难以保障等特点。2010 年 3 月，浙江省交通投资集团决定以交通实业公司为主体推动整合，旨在通过专业、集约、品牌经营培育新产业、实现新价值。交通实业公司致力于打造全国领先的交通现代服务业运营商。2010 年年底完成 30 对服务区整合；2011 年开始创建“高速驿网”服务区经营一体化品牌，实行统一的市场分析、统一的业态规划、统一的品牌商户招商、统一的平台推广、统一的管理服务标准制定、统一的供应链及金融平台运作,破解了管理稳定、经营统一、文化融合三大难题。高速驿网的品牌定位为:高速公路服务区平台运营商。品牌主张为:快旅途、慢生活。品牌宣传语为:停下,为了更好地出发。品牌形象为:有活力的、可信赖的、进取的。

高速驿网一体化品牌经营下,分为自主品牌和合作品牌两个板块。自主品牌为"驿"系列业态品牌,包括驿佰味(餐饮)、驿佰购(商超)、驿佰居(住宿)、驿佰汇(展览展示)等;合作品牌分为主力店(如五芳斋、维新食品、王大妈麦饼、肯德基、麦当劳等)和特色店(如台湾南仁湖美食、王大妈麦饼、邵永丰麻饼、上岛咖啡、新秀丽箱包、台绣等)。服务区一体化品牌"高速驿网"的打造,让服务区商业发生了显著变化,从原来的高速公路附属设施,演变成为独立的商业物业;从分散的服务区经营节点,转型发展成为集聚的交通商业体,服务区形成了美食、购物、休闲娱乐、换乘中转、资讯传媒、汽车服务六大类业态组合,转变了消费者对服务区的观念,转变了消费者对服务区餐饮的观念,转变了消费者对服务区零售的观念,提高了消费者满意度。代表浙江高速公路企业形象和服务窗口的32对高速驿网服务区已经得到了广大驾乘人员的一致认可,同时获得了媒体和政府的肯定。品牌战略实施创造了良好的经济效益,高速驿网服务区利润逐年上扬。2014年,高速驿网服务区全年营收突破4亿元,涌现出实现利润上千万级规模服务区1对、实现利润上五百万级规模服务区3对、实现利润上百万级规模服务区8对,高速驿网服务区呈现出欣欣向荣的景象。

从浙江高速驿网品牌的成功建设可以得到品牌建设的几点启示:

一是高速驿网品牌在短短三四年时间里打造成了浙江高速公路的一张闪亮名片,说明了服务区实行品牌一体化建设和运营管理,利于产生集群效应和光环效应,便于快速提升整体形象。能有效破解服务区由于公司分散条线管理时易出现的水平参差不齐、联动效能不足、规模效应难以体现、专业品质经营难以保障、消费者满意度不高等问题。

二是服务区一体化品牌的含金量,取决于服务区所拥有业态品牌的品质。自主业态品牌的打造便于形成连锁效应,合作业态品牌的引进便于形成差异化优势和特色化优势。自主业态品牌和合作业态品牌并存,丰富了服务区业态和消费者体验,同时便于形成竞合关系,在竞争和合作中提升服务区整体服务品质。

## 第三节　高速公路服务区服务品牌建设模式

### 一、品牌创建思路

借鉴其他行业和同行业成功品牌创建和运营经验,根据《意见》精神,建议我国高速公路服务区服务品牌建设的总体思路为:以《意见》为指导,以“以人为本、倾情服务、舒难解困、携手同行”的行业文化为根基,创建“1+A+B”服务品牌模式,用5~10年时间打造“布局合理、经济实用、标识清晰、服务规范、安全有序、生态环保”的现代化服务区,满足公众高品质、多样化的服务需求,提升公众出行服务质量。

### 二、“1+A+B”服务品牌模式

“1”是母品牌,它是管理品牌,也是网络化平台品牌。母品牌的功能在于一个省或者一个服务区管理企业的整体强势服务品牌,这一个省或企业的所有服务区实行服务品牌一体化。服务品牌一体化要求:统一全系统服务品牌名称,统一全系统服务品牌视觉标准、行为标准、流程标准、管理标准和传播标准。

“A”是指特色服务区和主题服务区，是子服务品牌。倡导打造特色服务区和主题服务区等子服务品牌3～5个，实现母子品牌融合。子服务品牌可根据服务区特色或主题进行独立命名。子服务品牌服务地方经济，彰显地方经济和文化特色，让服务区成为当地的经济展示窗口。母子服务品牌融合，是在保持母品牌统一性的前提之下，充分发展子品牌的独特性和创造性，凸显子品牌的鲜明个性。这样的子品牌才会有生命，才会让母品牌得以真正传承。那么，服务区怎样建设才能彰显自身特色的子品牌呢？一方面是要从历史传统中凝练和发掘，另一方面是要着眼未来进行优秀服务文化的培育。

建议用整体服务品牌名称和子服务品牌名称共同标识相对应的特色服务区和主题服务区。表现形式为：“xxx + zzz 服务区”，xxx 为母品牌名称，zzz 为子服务品牌名称。

“B”：是指服务区的业态品牌，包括服务区自主业态品牌和引进外来知名业态品牌两部分。全力打造自主业态品牌，例如：浙江省交通实业公司高速驿网下的驿佰味（餐饮）、驿佰购（商超）、驿佰居（住宿）、驿佰汇（展览展示）等，完善自主业态品牌标准化运营手册，形成连锁体系；大力引进外来知名业态品牌，例如：麦当劳、肯德基、真功夫、李先生、正兴一家人、京通精修、7-11 便利店、7 天快捷酒店、如家快捷酒店等，提升服务区服务品牌的品质，丰富服务区服务品牌的内涵。

用“1 + A + B”服务品牌模式构建高速公路服务区的“母子品牌体系”和“金字塔品牌架构”，打造现代化服务区，可以达到“三个实现、三个全新”：一是通过服务品牌一体化建设实现“形象与行为统一”，给消费者带来全新印象；二是通过特色和主题服务区子服务品牌打造实现“特色鲜明”，给消费者带来全新体验；三是通过自主业态品牌开发和外来优秀业态品牌引进实现“业态丰富”，给消费者带来全新价值。

## 第四节　高速公路服务区品牌建设整体推进策略

服务品牌不是自娱自乐，更不是孤芳自赏，而是要通过有效的品牌宣传和服务运行让客户感受到品牌的价值。高速公路服务区服务品牌建设整体推进策略要把握“两个定位、三个重点、四个统一”。

### 一、服务对象和服务品牌定位

#### （一）服务对象定位

在服务品牌建设中需要挖掘不同服务对象的服务需求，为不同服务对象提供相对应的服务内容。高速公路服务区的服务品牌存在于高速公路服务区、服务人员、驾乘人员（出行者）以及其他利益相关者（合作伙伴、社区、政府、媒体等）主体之间的互动过程中。各主体之间的互动关系如下：

1.服务人员与驾乘人员（出行者）之间的互动

服务人员与驾乘人员的互动最能直接体现服务质量。服务人员与驾乘人员的互动是人与人的互动，是情感的互动，潜移默化地在驾乘人员内心形成印象，也能让驾乘人员感受到服务品牌的流程和标准。在服务人员与驾乘人员互动过程中，服务人员不仅仅向驾乘人员传递服务态度、技能，同时向驾乘人员表达着服务区的经营理念与价值，这些都是服务品牌的重要内涵，决定着驾乘人员对服务品牌的理解。这组互动关系的重点是，服务人员要为驾乘人员提供优质服务。

2. 高速公路服务区与驾乘人员(出行者)之间的互动

高速公路服务区是广义上的服务企业,它既代表整个服务企业的管理决策层人员,同时也代表提供服务的实体场所,例如餐厅、洗手间、停车场、超市等。其中要阐述的与驾乘人员互动的主体是指后者。对于驾乘人员来说,最直观的体验就是对服务环境的感官体验,当然这包括服务场所的环境设备布置与产品的陈列,也就是从视觉、嗅觉、听觉等感官互动角度来体验高速公路服务区的服务品牌。服务实体场所是与驾乘人员互动的主体,也是驾乘人员了解服务品牌的重要接触点,是服务品牌的重要载体。这组互动关系的重点是,高速公路服务区要为驾乘人员提供称心舒适的服务实体场所。

3. 高速公路服务区与服务人员之间的互动

上一个互动主体中高速公路服务区是指提供服务的实体场所,而本对互动主体中高速公路服务区特指服务区的管理者。高速公路服务区要想使自己的员工能准确无误地对外传达出服务区的品牌形象,首先就要让员工理解并认同服务区的服务品牌内涵。在这个过程中,服务区一线服务人员是关键要素,服务区的管理者要与一线服务人员进行一系列的互动,比如座谈、培训、宣贯、主题活动、真切关怀等,使服务人员感受到服务区品牌的内涵,并使其对它产生认同感。互动之中的重要前提就是让服务人员感到满意,进而对服务区产生归属感,这样才能自愿并准确地将品牌内涵通过提供的服务传达给外部顾客。这组互动关系的重点是,高速公路服务区要为服务人员提供满意的服务。

4. 其他利益相关者与驾乘人员(出行者)之间的互动

其他利益相关者中常见的是大众媒体与驾乘人员之间的互动。

也是在其他利益相关者中与驾乘人员互动最频繁的。大众媒体要从高速公路服务区那里寻找到吸引别人眼球的东西,寻找令人惊讶和激动的故事,而这正是他们最重要的利益所在。媒体通过对服务区的宣传报道和驾乘人员进行互动,引发驾乘人员对服务品牌产生想象和期待,引导驾乘人员去消费或体验服务,从而对服务品牌有所接触。当地社区、合作伙伴在某种程度上也会潜移默化地向驾乘人员进行品牌宣传,但力度与范围都弱于大众媒体。政府的政策导向也会影响大众媒体对品牌的理解,从而形成二者的互动。这组互动关系的重点是,要促成驾乘人员和服务区的其他利益相关者之间建立畅通的沟通渠道,让驾乘人员的关切点得到有效回应,并获取关于服务品牌的积极评价。

5.其他利益相关者与高速公路服务区之间的互动

对合作伙伴而言,他们参与服务区的开发与建设,需要享受服务区的扶持政策,但同时也要接受服务区的管理。政府主要通过扶持政策与高速公路服务区进行互动。当地社区与相关单位可以通过各种活动与高速公路服务区进行互动,服务区品牌可以在活动过程中被周边社区与单位了解并认同。高速公路服务区积极履行社会责任,为属地地区经济服务,发挥属地经济和文化的展示窗口作用,也是这组互动关系中的重要互动环节,利于树立服务品牌在社会公众中的形象。这组互动关系的重点是,高速公路服务区要和其他利益相关者互利共赢。

通过以上分析,高速公路服务区服务品牌的服务对象可以定位为三大类:第一大类是驾乘人员(出行者),第二大类是服务人员(直接面对顾客的服务区所有工作人员),第三大类是其他利益相关者,包括合作伙伴、媒体、社区、政府等。其中合作伙伴可能是投资方、外来品牌经营者等。

(二)服务品牌定位

品牌定位即指为某个特定品牌确定一个适当的市场位置。目的是有效地建立品牌与竞争者的差异性,使产品在客户心智中占住一个与众不同的位置。品牌定位是品牌经营的首要任务,是品牌建设的基础,是品牌经营成功的前提。在产品和服务越来越同质化的今天,要成功打造一个品牌,品牌定位举足轻重。品牌定位与客户生活形态和意识形态的结合越紧密,客户的忠诚度越高。

在服务区的服务品牌定位中要把握四个原则:

一是客户为导向。不是我们要定位成什么,而是期望客户在脑中把品牌界定成什么。

二是标杆为参照。在借鉴的同时不人云亦云,体现差异性、区隔性。

三是从产品与服务特质出发,虚实结合。定位需要虚实结合,纯实的界定难以制造真正的区隔,纯虚的界定往往脱离实际。

四是在品牌价值观的统领下从多角度思考。定位可以是关系的、联想的、个性的、产品(包括服务产品)特质的,等等,可依据市场形态和客户需求而定。

服务区服务品牌定位(包括母品牌定位、子品牌定位)策略:

(1)品质/档次定位。以服务和产品优良的或独特的品质作为诉求内容,以面向那些主要注重服务和产品品质的消费者。适合这种定位的服务和产品品质必须经得起市场考验,能赢得消费者的信赖。现实中,常见的是高档次定位策略,高档次的品牌传达了服务和产品高品质的信息。如定位“最佳服务品质服务区”。

(2)情感定位。该定位是将人类情感中的关怀、牵挂、思念、温暖、怀旧、爱等情感内涵融入品牌,使消费者在购买、使用服务和产品的过程中获得这些情感体验,从而唤起消费者内心深处的认同和共鸣,最终获得对品牌的喜爱和忠诚。如定位“旅途上的老朋友”。

(3)企业理念定位。企业理念定位就是企业用自己的具有鲜明特点的经营理念或企业精神作为品牌的定位诉求,体现企业的内在本质。树立起令公众产生好感的企业形象,借此提高品牌的价值,光大品牌形象。如定位“富于创新精神的服务区”。

(4)文化定位。将文化内涵融入品牌,形成文化上的品牌识别。文化定位能大大提高品牌的品位,使品牌形象更加独具特色。如定位“茶文化主题服务区”。

(5)消费群体定位。该定位直接以产品的消费群体为诉求对象,突出产品专为该类消费群体服务,来获得目标消费群的认同。把品牌与消费者结合起来,有利于增进消费者的归属感,使其产生“我自己的品牌”的感觉。如定位“汽车驴友之家”。

## 二、品牌创建重点内容

### (一)以队伍建设为重点

人是创造服务品牌的第一要素。在服务品牌建设工作的推进中,既要关注服务的接受者,又要关注服务的提供者。关键要抓好两支队伍的建设,一支是带队伍的经营管理团队,另一支是直接面向消费者的服务团队。

互联网时代,经营管理团队的建设已经不是传统意义上的素质提升。互联网时代对传统企业的巨大冲击如海啸一般扑面而来,高速公路服务区也不能幸免。高速公路服务区的经营管理团队必须具有互联网思维才不致被时代所淘汰,才能真正引领服务区走向现代化。经营管理团队的成长和改变必须从互联网思维的植入开始。互联网时代的优秀经营管理者应该思考三个问题:一是战略上,如何把员工从执行上级命令的被动者变成以用户为中心的创业者;二是组织上,如何把企业从一个强调执行力的管制型组织,变成一个扁平化和网络化的创业平台;三是激励机制建设上,如何鼓励员工把一次性的顾客变成长期的用户,根据员工能否创造持续性的用户网络来决定员工薪酬多少。

在服务团队的建设方面,总公司统一制定服务人才队伍建设规划,通过全员轮训、技能比武、实践演练等方式,增强服务意识和“创客”意识,提升服务能力和“创客”能力,打造一支业务精、服务好、素质高的服务队伍,创建一批“服务区平台化、员工创客化、用户个性化”的具有互联网时代特色的现代化服务区。

### (二)以示范引领为重点

按照“典型引路,示范领航”的思路,总公司启动中心服务区或基础较好的特色服务区的服务品牌一体化示范建设工作,适时组织服务文化暨服务品牌建设观摩交流。

### (三)以服务考评为重点

加强对各服务区服务品牌建设工作的考核评估,定期组织开展服务满意度测评,使服务品牌建设工作可衡量、可评估、可考核。总公司要积极构建服务品牌价值评价标准,适时启动服务品牌价值评估与评比工作。

### 三、品牌创建保障

统一组织管理。在服务区统一整合管理为导向的体制改革方案落地的基础上,建立各职能部门共同参与的服务品牌一体化建设工作小组,优化完善服务区不同业务板块的服务内容、服务标准、服务流程,形成“部门联动横向一体化、上下协同纵向一体化”的建设格局。

统一服务文化。服务文化是服务品牌建设的核心,是为客户提供服务时应当遵循的基本价值取向。总公司作为服务品牌建设主体,要在全系统服务区范围内统一品牌名称、总体内涵以及价值主张,达到辖区所有服务区在服务文化上的“合”。

统一建设模式。明确总公司规划管理,各服务区推进执行、细化落实的角色定位和职能分工,构建服务品牌两级建设模式。

统一服务形象。重点从视觉识别和行为识别两方面入手,由总公司统一VI(视觉标识)系统,规范服务行为,通过视觉识别强化品牌认知,通过行为识别提高品牌认同。

## 第五节　高速公路服务区品牌运行系统构建

一个优秀的服务品牌要回答四个问题:第一,服务中的价值主张是什么;第二,如何识别与众不同的服务产品;第三,服务中的规范动作是什么;第四,如何保障服务的有效性。

要回答服务中的价值主张,需要打造服务品牌的理念体系。要识别与众不同的服务产品,需要打造服务品牌的形象体系。要明确服务中的规范动作,需要打造服务品牌的规范体系。要保障服务的有效性,需要打造服务品牌的管理体系。因此要回答上述四个问题,必须健全服务品牌运行系统的“四大体系”（见图7-1）。本书主要对理念体系、规范体系和管理体系构建要点做论述。

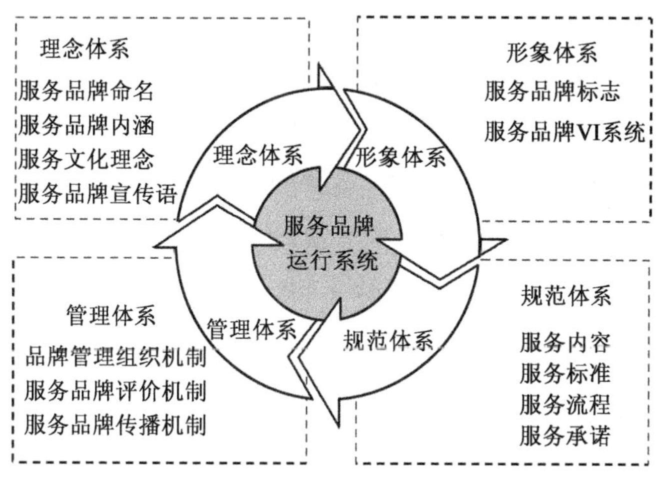


图7-1　服务品牌运行系统框架

## 一、理念体系

理念体系是品牌灵魂。要充分分析地域文化、企业文化、服务特点，深度挖掘品牌文化内涵，结合服务区实际和发展，凝练特色鲜明的服务文化。依托品牌故事、品牌案例、文化活动等丰富多彩的宣贯方式，传播品牌内涵和服务理念。

### （一）品牌命名与品牌内涵

世界顶尖营销大师艾尔·赖兹说，品牌名称不对，一切营销都免谈。品牌命名策略不单单是给某一产品取个名称，实际上，“品牌命名”是一种竞争，是定位过程的开始。品牌命名的过程是一个将市场、定位、形象、情感、价值等转化为营销力量并启动市场定位与竞争的过程。品牌名称不是一个简单的记号，它能强化定位，参与竞争，而且还以其可能隐含的形象价值“使某一品牌获得持久的市场优势”，品牌命名还会彰显品牌内涵。高速公路服务区品牌命名可以遵循以下原则：

一是记忆性原则。给服务品牌取的名称应该容易记忆,只有这样,品牌才能够发挥作用,促使消费者重复购买。而品牌命名简单化是最有效果的一种方式。因为简单化的品牌命名容易被拼写和发音。简单的命名有利于消费者提高对品牌的认知能力。

二是意义性原则。品牌名称要有意义,直接或间接传递服务区或服务、产品的信息,如关于它的特点、性能、文化以及使用它的效用。一个品牌名称对于消费者来说应该是熟悉的、有意义的,只有这样才能够加强消费者对品牌的记忆和印象,能够在品牌和服务产品、企业之间建立联系。

三是嫁接性原则。品牌能够扩展到其他产品品类上,能够扩展到不同的地区或市场。比如既适合于服务区的一体化服务品牌命名,也适合给服务区的连锁餐饮、住宿、汽修等服务实体命名。另外由于高速公路穿越多地区,还需要考虑到不同地区文化、不同语言的习惯,不能够触犯某些文化、语言的禁忌。

四是适应性原则。品牌命名时要考虑到品牌在时代发展过程中应该具有适应性,主要是能够适应时代的变化。

五是可保护性原则。品牌名称应该能够进行注册,得到国家法律的保护。

(二)服务理念

服务理念是服务品牌理念体系的核心元素,但服务理念源自企业文化,是企业文化的重要组成部分。比如大连烟草的“共同成长”文化体系中,明确服务理念是“更快、更近、更贴心”。同时在大连烟草的“春天”服务品牌理念体系中，直接引用了“更快、更近、更贴心”的服务理念，充分体现了服务品牌建设中的企业文化牵引作用。

服务品牌要取得成功，需要一系列的驱动因素，但其中文化牵引是首要因素。英国德科托尼提出了服务品牌管理模型，被称为托尼模型。托尼模型揭示的道理是，服务品牌管理过程是一个持续循环过程，起点是建立企业文化和界定服务价值观，然后确定品牌承诺，接着分别对外部顾客和内部员工进行品牌沟通。一方面，品牌沟通的内部沟通主要是向员工解释品牌愿景、品牌承诺，并提供客户信息，对员工进行培训，形成一致的价值观。通过服务传递系统的支持，保证员工与客户的每一次接触都能提供一致的服务。另一方面，企业通过外部品牌沟通向顾客传递品牌承诺，客户基于品牌承诺形成服务期望，对服务期望与实际感知的服务品牌形成评价。客户对服务品牌的积极评价能在客户心中形成良好的品牌形象，而良好的服务品牌形象是建立服务品牌与客户关系的基础。同时，服务品牌与顾客之间的长久关系则会进一步巩固企业文化和品牌价值观。

### （三）服务品牌宣传语提炼

品牌宣传语，也称作品牌口号，是指能体现品牌理念、品牌利益和代表客户对品牌感知、动机和态度的宣传用语。品牌宣传语对客户的意义在于其所传递的产品理念，它所强调的是企业和产品最为突出的特点。在残酷的市场竞争中，不断有旧的宣传语被企业抛弃，同时也会孕育诞生出新的宣传语。品牌宣传语既是企业战略的投影，又是企业思想的体现。当企业处在发展的关键时刻时，往往会寻求变革和突破。这时，更新品牌宣传语和 logo（商标）成为企业的首选，以最快速、最直接的方式向外界投射出企业对未来战略的期许。每一个优秀的口号,应该同时兼顾企业和客户两方面的诉求,这样才能与时俱进,促进发展。

品牌宣传语提炼和使用的原则:一是突出品牌的功能和给客户带来的利益,具有较强的情感色彩、赞誉性和感召力,目的是刺激客户;二是突出自己的特色或竞争优势,同时对品牌名称起到解释作用;三是可以根据营销战略进行动态调整,以便适应市场需要,但动态调整并不是随意变动;四是品牌宣传语运用于广告词、宣传品、海报、条幅、网站等任何能想得到的地方。

## 二、规范体系

品牌规范体系建设是夯实品牌基础的重要步骤。品牌规范体系创建,就是要充分掌握服务对象的服务需求,明确针对不同服务对象的服务内容,完善服务标准,优化服务流程,兑现服务承诺。

### (一)服务内容和标准

根据客户需求来设计服务内容,服务标准是对服务内容的诠释。服务内容和标准是否合理,唯一的检验标准是客户是否满意。满意是一种心理状态,是客户的需求被满足后的愉悦感,是客户对产品或服务的事前期望与实际使用产品或服务后所得到实际感受的相对关系。客户满意是客户忠诚的基本条件。按照KANO模型原理,顾客需求有三个层次:基本型需求、期望型需求和魅力型需求。根据服务体验与要求的差别,服务品质由低到高进一步细分为满意度服务、舒适度服务、惬意度服务。不同层级的服务,对服务的要求不同。

1.满意度服务——无差评

一般是要求能够满足服务对象提出的要求,以服务对象的合理要求基本满足,不产生或增加新的负面情绪为基本要求。

2. 舒适度服务——有好评

在满足服务对象要求的基础上,从多方面使服务更臻完善,以最小化服务对象的负面情绪,并获得服务对象一定好评为基本要求。

3. 惬意度服务——高度评价

从服务对象的角度和利益出发,既满足客户的基本需求,也能够周到细致地考虑到客户当下深层次需求和所未考虑到的将来时需求,并预见性地提供相应的服务。以赢得服务对象的信赖、忠诚度和高度评价为要求。

服务标准的制定遵循以下原则:

一是明确性。服务标准必须明确、可量化。如规定微笑服务要露出八颗牙齿;及时接听电话,不能让铃声超过三声。

二是可行性。建立标准不代表确立目标,它意味着设计一个可能实现的工作过程,并且使之不断地执行下去。

三是及时性。服务标准应该有明确的时间限制,才有价值。

四是吻合性。服务标准要与客户的需求相吻合。

服务区对员工的服务内容和服务标准示例见表 7-1。

**服务区对员工的服务内容和服务标准示例** 表 7-1

| 服务内容 | 服务标准 | 服务类型 |
|---|---|---|
| 职业发展 | 1. 建立人才队伍规划,促进人才队伍健康发展 | ● |
| | 2. 健全各类岗位的员工成长通道,建立公正合理的晋升晋级机制 | ● |
| | 3. 公平公正地开展岗位竞聘,为优秀员工提供发展舞台 | ● |
| | 4. 在干部队伍中开展轮岗和挂职锻炼,优化干部队伍结构,增强干部队伍活力,提高干部能力和素质 | ◎ |
| | 5. 每年开展各类职业技能竞赛,给予员工展示才能的平台 | ◎ |

续上表

| 服务内容 | 服务标准 | 服务类型 |
|---|---|---|
| 教育培训 | 6. 健全系统化、科学化的教育培训体系,实行分层培训、学分制管理 | ● |
| | 7. 健全教育培训管理制度,每次培训做到有计划、有成绩、有效果、有记载、有激励 | ● |
| 民主管理 | 8. 建立办事公开民主管理目录,运行办事公开民主管理预审、信息反馈、监督、工作评议、问责机制 | ● |
| | 9. 通过各类工作简报和内部网站,发布信息 | ● |
| | 10. 建立领导接待日制度及相关职能部门联合受理员工诉求机制,完善员工诉求渠道 | ● |
| | 11. 通过各类座谈会和各种诉求渠道,广开言路,倾听呼声。 | ◎ |
| 关爱职工 | 12. 每年组织员工体检 1 次,关注女员工特殊权益 | ● |
| | 13. 丰富员工文化生活,每年开展 2 ~3 次文化娱乐活动 | ● |
| | 14. 关心和帮助困难员工,每年开展 1 ~2 次送温暖活动 | ○ |
| | 15. 每年开展 1 ~2 次健康讲座,关注员工身心健康 | ○ |
| …… | …… | …… |

注:"●"为基本服务;"◎"为优质服务;"○"为超值服务。

### (二)服务流程

流程(Process)是将输入转化为输出的一组彼此相关的资源和活动,是为顾客(含内部顾客)创造价值的原则、程序和方法。流程的三个基本特点是可重复的活动、有输入和输出、为顾客创造价值。

按价值链可以将流程分为两个大类,一是业务流程,涉及企业的产供销三个环节,通过业务流程的运行,可以为顾客直接创造价值,保证企业经营目标的实现;二是管理流程,包括企业开展管理活动的相关程序,通过管理流程的运行,对企业的业务开展进行监督、控制、协调、服务,间接地为企业创造价值。也有学者把企业的流程分为三类:

战略流程、经营流程、保障流程。战略流程指组织规划和开拓未来的流程，如战略规划、新产品开发和新流程开发等。经营流程指组织实现其日常功能的流程，包括客户获取、满足客户和取得客户支持与认可的流程。保障流程是支持战略流程和经营流程顺利实施的流程，如人力资源管理、信息系统管理等。本书要研究的服务流程并不特指哪一类流程，涉及业务流程，也可能涉及管理流程；涉及经营流程，也可能涉及保障流程。要根据服务区与服务对象的服务接触点来系统梳理和界定哪些流程是服务区的服务流程。

流程设计要把握以下原则：

(1)适应性原则。流程设计应与组织结构相适应，流程框架要对应责任中心，概要性流程要对应部门，详细性流程要对应职位。

(2)结合性原则。流程设计应与信息技术/系统(IT/IS)相结合，流程运作离不开信息系统的支持，信息技术工具是流程简洁、高效的驱动力。

(3)整体协同原则。打破部门之间的界限，以流程的产出和顾客(包括内部顾客)为中心。流程往往跨越了多个职能部门，每一个部门通常会介入许多不同的流程，但流程要求关注整体，而非局部。

(4)关注价值链原则。流程应涵盖客户和供应商。

(5)全局最优原则。强调流程全局最优，以及整个企业范围内核心业务流程的综合最优。

流程设计分五步走：

(1)制订工作计划，建立流程设计工作小组。

(2)小组讨论(邀请使用者参加)，进行初步设计，确定流程的输入与输出，描述流程中的流动及其相互关系，设计相应的路径等。

(3)流程修订，开展模拟测试和纸上优化。

(4)评审发布,制订实施计划,开展培训后实施。

(5)运行优化。对现有流程的绩效进行评估,识别缺失的关键环节和需要改善的环节。

对流程的绩效审计要关注四个角度:

一是关注活动,是否过于复杂,是否存在精简的可能性;二是关注活动实现形式,是否能用更有效率的工具来实现活动;三是关注活动的逻辑关系,各环节的先后关系可否作调整以达到改进目标;四是关注活动的承担者,是否可以通过改变活动的承担者来使流程更有效率。开展流程的绩效审计后,对现有流程通过简化、整合、增加、调整等方式来提升流程效率。

在流程设计和流程优化中要避免三大误区:

一是追求完美,企图一步到位。只有更好,没有最好。流程优化是长期的过程,不可能一步登天。应先建立简单、有条件运作的流程。

二是以为越详细越好。应区别对待不同类别的流程,不是所有的流程越详细越好,实用比完美更重要。

三是只关注管理者,不关注流程操作者,导致流程"官僚",效率低下。

优秀的流程设计有四大衡量标准:

一是快速,及时提供顾客所需要的服务;

二是正确,输出顾客想要的能满足质量要求的东西;

三是便宜,顾客需要少花钱来满足他们,即成本低;

四是容易,容易与顾客做生意或业务。即具有友好、简单的界面,并能应付顾客需求的变化。

### (三)服务承诺

服务承诺是服务品牌的重要组成部分。服务承诺是对顾客的保证，是对员工的激励。服务承诺作用在于，服务承诺可以促进企业员工以更大的热情投入到为顾客服务中去；服务承诺有利于企业营造团结向上的气氛；服务承诺可以极大地增强服务企业的营销效果；服务承诺可以提高顾客的忠诚度。服务承诺的制定和发布要特别谨慎，一旦承诺就一定要兑现。如果不兑现承诺就会失信于客户，会对服务品牌造成致命的伤害。敢于做出服务承诺、兑现服务承诺的企业是负责任的企业。

服务区的服务承诺有以下几种表现形式：

一是以服务区的经营目标和宗旨表现出来。如将服务区的宗旨描述为“体现社会责任，提升顾客价值，创造员工未来，积累社会财富”，就是向社会、客户、员工做出了服务承诺。

二是通过服务人员与顾客的直接接触，向顾客表达企业和服务人员的具体承诺。

三是以海报、公告等形式向顾客提出服务承诺。

四是通过广播、电视、报纸等具有公信力的传播媒介向社会发布服务承诺，树立服务区良好的社会形象。

服务区服务承诺的内容设计要从客户需求出发，至少要设计以下内容：

一是商品质量方面，如承诺做到货真价实、不卖假货等。

二是诚信经营方面，如承诺不哄抬物价、同城同价等。

三是清洁卫生方面，如承诺公共区域卫生整洁、无果皮纸屑无异味等。

四是饮食安全方面，如承诺食材采购渠道正规，不卖变质食品等。

五是优质服务方面，如承诺服务热情、文明规范等。

六是咨询投诉方面，如承诺设立路况信息资讯台、设立投诉举报信箱和信息平台,公开投诉举报电话,做到及时处理和反馈等。

七是社会责任方面,如承诺打造生态环保服务区,积极开展公益慈善活动等。

## 三、管理体系

服务品牌的管理体系是推进品牌成长的重要力量。它主要由组织机制、传播机制和评价机制三大模块构成。

### (一)完善组织机制

强化服务品牌的管理与维护,建立专业化的服务品牌管理团队,调动各业务部门积极参与,形成合力,努力实现服务品牌建设的长远发展与企业的发展愿景相结合,与企业的生产经营相结合,与员工的价值追求相结合。

### (二)完善传播机制

通过有效载体加强服务品牌传播,树立服务区的良好形象,让广大客户和消费者感受、认知、认同服务品牌。

品牌传播要把握好以下原则:一是整体规划,系统推进;二是聚焦目标,措施具体;三是由内而外,双线推进;四是全员参与,合力推动。

根据上述传播原则,通过员工实践、客户体验、舆论宣传、社会公益活动等途径,努力做好活动传播、事件传播、新闻传播、口碑传播等工作,大力宣传服务品牌所倡导的服务理念,加深受众对品牌的情感感知,以最大范围地获取客户、社会、舆论对服务区服务品牌的认同。服务品牌传播从内部传播和外部传播两个方面展开。

内部传播的有效措施:

一是统一视觉系统。各服务区设置服务品牌标志、理念的宣传牌、宣传语、宣传栏。

二是宣贯服务理念。各服务区组建企业文化及服务品牌内部培训师团队不少于3人(兼职),以内部培训师和外聘专家结合的形式,组织开展服务品牌的宣贯培训,确保培训覆盖面达到100%。

三是规范服务标准。各服务区根据自身实际情况,建立《服务品牌建设手册》,明确服务内容、服务流程、服务标准、服务评价。

四是营造服务氛围。开设服务故事大讲堂,弘扬服务理念,宣传服务标准,营造浓厚氛围。

五是树立先进典型。开展服务明星和优秀服务集体评选活动,倡导典型引路,示范带动,提升服务水平。

六是丰满品牌形象。总公司成立志愿服务总队,高速公路公司/服务区管理中心成立志愿服务支队,各服务区成立志愿服务分队,开展以服务品牌冠名的公益慈善活动。

外部传播的有效措施:

一是统一视觉系统。各服务区统一、规范使用一体化服务品牌标志和宣传语;服务区服务人员统一服装、佩戴统一的服务徽标;统一定制印有服务区服务品牌LOGO(标志)的小礼品。

二是宣贯服务理念。各服务区组织开展社会各界代表参加的服务座谈会、客户答谢交流会,宣贯服务理念。

三是规范服务标准。按服务标准和流程实施服务,实行服务过程表格化管理和服务痕迹管理。

四是公开服务承诺。向社会和客户公开服务承诺,并严格执行,提高客户对企业的信任感和依赖感,提升企业在客户心中的品牌形象和社会形象。

五是加强品牌沟通。利用公众微信平台和网络信息平台,与客户进行服务信息互动；倡导各服务区创办"服务之窗"简报（纸质或电子），以月报或季报的形式，发放到公众微信平台和网络信息平台。

六是丰满品牌形象。积极开展助学、助残、赈灾等公益慈善活动和"3·15"消费者权益日宣传活动。

（三）完善评价机制

激励服务区员工增强服务意识、提升服务能力、提高服务质量，激发服务区员工建设服务品牌的积极性。服务质量的评估与改进是推进服务品牌不断成长的动力源。在前文提到的服务质量评估模型为高速公路服务区服务质量的评估与改进提供了可参照的技术路线。

另外，在服务区的服务品牌评价机制建设中，全球知名品牌资产经营机构首席执行官品牌管理有限公司（CEObrand）创建的CEObrand品牌实力评价方法也值得借鉴。CEObrand品牌实力评价方法从形成品牌价值的三大维度来评价品牌实力：一是客户认知度，包括知名度、美誉度和联想度；二是客户参与度，包括参与广度、参与深度、参与频度；三是客户忠诚度，包括依赖性、排他性、传承性。

# 第八章

# 我国高速公路服务区经营开发

随着高速公路建设的推进，高速公路产业也在不断发展。服务区作为高速公路产业的配套设施，存在着巨大的开发空间。在国外，服务区已作为一项产业经营，特别是在法国，高速公路的收费只占整个公路公司主营收入的40%，而服务区产生的收入却达到了60%。开发和利用高速公路的优质资源，打造设施一流、功能齐全、服务周到的服务区，一方面可以更好地满足人们外出旅游、出差、度假等各方面的要求；另一方面可以充分发挥高速公路路网效应，提升服务区的盈利能力，使服务区成为高速公路新的利润增长点。

## 第一节　高速公路服务区经营开发模式

高速公路服务区的经营开发一般包括自营、承包经营、租赁经营、合作经营、BOT模式、特许经营等。

### 一、自营

自营是指由高速公路管理部门组建以经营管理服务区为重点工作的企业公司，对服务区实行系统化、专业化管理，是一种传统的服务区经营模式。公司对服务区在经济上实行收取管理费和折旧费的方式管理，在行政上对服务区的人、财、物予以控制，并对服务质量管理予以约束。目前采取自营模式的省份较多，辽宁、河南、陕西以及黑龙江等省服务区均采用自主经营为主、合作经营为辅的经营模式。

## 二、承包经营

承包经营是指在合理确定利润水平的基础上，设立一定条件实行承包经营，管理单位对物价、服务等方面实行严格控制。该模式能显著提高公司利润率、降低经营压力、保障经济利益。目前采取承包经营的省份也较多，主要有山西、广东和福建等省。

## 三、租赁经营

租赁经营是指在建设部门完成服务区的土建和内部设施后，高速公路管理部门在考虑到折旧、更新改造以及物价和服务等方面因素，然后将统一规划建设完成的服务区设施以一个较长的租赁期租赁给各经营者，由经营者自主经营。目前，采用租赁经营的有宁夏、江苏等省、区。

## 四、合作经营

合作经营是指由高速公路公司与合作公司共同出资建设服务区并成立服务区合作公司，双方共同经营管理，利润共享。目前已有广西、安徽、四川等省、区服务区以此种经营模式运行，如广西北投集团与中石化广西分公司合作成立北投沿海石化有限公司，负责经营北投集团管辖路段的服务区加油站、便利店。

## 五、BOT 模式

BOT 模式是一种通过提供特许经营权进行商业融资并开发建设项目的融资方式。服务区采用 BOT 模式主要是指高速公路业主只负责服务区前期设计等工作,而服务区建设及费用由 BOT 中标单位负责,中标单位通过经营服务区获得经营利润并回收建设成本,同时每年向高速公路业主交纳一定费用。2006 年,河南京港澳高速原阳服务区率先运用 BOT 模式进行经营管理,该服务区由民营油企投资建设,经营期 25 年,开启了河南省高速公路服务区建设投资的新模式。

## 六、特许经营

特许经营是指特许经营权拥有者以合同约定的形式,允许被特许经营者有偿使用其产品及运作管理经验从事经营活动的商业经营模式。在国外,服务区常采取特许经营模式。以意大利为例,半数以上服务区由 AUTOSTRADE 公司经营。AUTOSTRADE 作为特许经营者从意大利政府那里获得特许经营权,特许经营期限目前是 30 年。它的转移方式就是授权给各类不同的特许经营者来管理经营服务区。AUTOSTRADE 公司给予服务区特许经营者的经营期限,可以根据情形变化来确定,但是一定总是在 AUTOSTRADE 公司和政府当局之间的基本特许经营合同期内来安排。特许经营合同包含很多条款,其中包括特许经营者提供服务的类型、服务的质量、运营时间的连续性及保持服务水平等的特别责任和义务。特许经营协议的主要部分是经济条款,通常是由固定的年租金加一个变化部分组成。变化部分的数额可由双方协商制定,例如将服务区商业活动(酒吧、餐厅及其他)的收入按一定比例支付给 AUTOSTRADE 公司。

# 第二节　高速公路服务区分类开发策略

## 一、服务区经营开发分类

由于服务区所处区域资源的差异，不同的服务区经营开发模式也应有所区分。总的来说，服务区区域资源可简单分为客户资源和人文生态资源。

客户资源：由路段车流量和驶入车辆构成，其反映了服务区经营开发的当前价值。

人文生态资源：即服务区内部和周边区域所拥有的地方或全国知名的土特产、景区等文化资源，其反映了服务区经营开发的潜在价值。

依据服务区客户需求程度和人文生态资源依赖度，可将服务区经营开发模式分为综合服务区、主题服务区、特色服务区，见图 8-1。

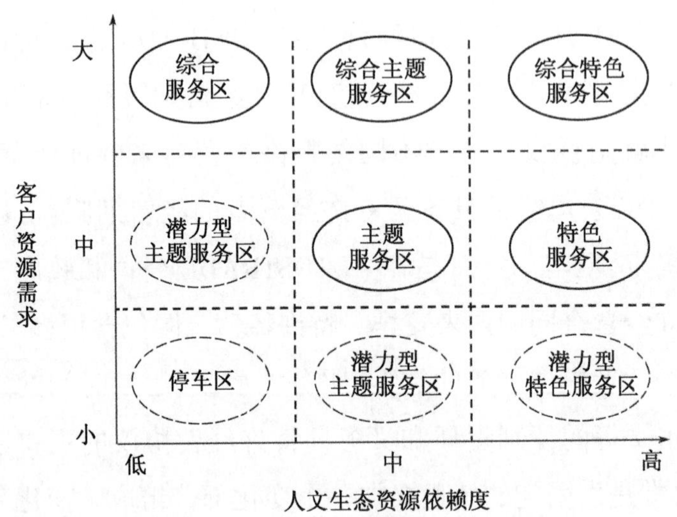


图 8-1　公路服务区经营开发模式模型

综合服务区：该类服务区主要位于经济发达地区，区位资源较好、交通流量较大的国家高速公路网层次的高速公路上，其主要通过多个服务项目的组合，吸引各类服务区消费者，以满足服务区客户的多元化和多层次的需求。

特色服务区：该类服务区主要依托于服务区周边的特产资源或具有影响力的独特的旅游文化资源，通过突出特色购物和餐饮服务项目，吸引客户群体，以满足服务区消费者单一化的延伸（拓展）需求。

主题服务区：该类服务区主要依托于服务区内部或周边景区文化资源提炼主题或创造主题，并通过服务区硬软件建设来诠释主题，吸引某类客户群体，以满足服务区消费者多元化的延伸（拓展）需求。

这里需要强调的是：

第一，综合服务区也可根据周边人文生态资源特点，构建为特色服务区或主题服务区。

第二，主题服务区和特色服务区的差异在于，主题服务区不依赖于服务区某项服务功能，而更注重服务区整体性和系统性，其强调的是服务区从硬件到软件的设计与组合都应该围绕统一的主题开展，各功能区、各服务细节应深化和展示同一主题服务，即围绕同一核心内涵，利用服务区的全部空间和服务来营造一种无所不在的主题文化氛围。

第三，由于资金与资源的有限性，服务区前期开发重点应关注于综合服务区（综合特色服务区、综合主题服务区）、特色服务区、主题服务区的开发。

## 二、综合服务区开发

综合服务区拥有较大的客流量，人群结构呈现多样化，因此，其经营开发的核心为充分满足服务区大量客流的多元化和多层次需求。

(一)开发多元化业态

在保证基本公共服务的基础上,重点开发美食中心、购物中心、休闲娱乐中心、汽车服务中心、客运中转中心,有条件的服务区可考虑开发物流中心。

(二)组合多层次业态

重点考虑餐饮、购物服务中多业态组合。如餐饮服务中应设置高端、中端、低端餐饮业态,以保证能吸引各消费层次的消费者。应设置标准餐饮和快捷餐饮业态,以保证能吸引较长时间用餐和短时就餐消费者。

(三)有序开发业态

综合服务区业态多,在经营开发中应注重业态开发的时序性和节奏性,如按照先餐饮、购物、休闲等消费类业态的改造和升级,再进行客运中转、产品展示、物流运输等类业态的建设、改造和升级。同时,运输类业态一般都会受到所处区域的地理位置和经济发展水平的双重影响。因此,这类业态的开发并不适用于高速公路所有的综合服务区,在选址方面具有一定的局限性。此外,这几种业态不一定要同时开发,而要有选择性地开发,并要把握好开发这类业态的时间。

(四)合理布局业态

一方面由于综合服务区人流、车流较大,所以服务区经营规划在业态布局中应将重点置于合理的动线、有序的空间,处理好人流、车流交通的关系,在满足使用功能基础上营造一个环境优美的消费空间,避免相互干扰,为消费者的活动创造一个安全、舒适、优美的环境。

另一方面综合服务区的业态都有特定的消费者，所以业态布局中应改变目前纯粹以功能为核心的组合模式，尝试建立以目标消费群体为中心的多业态组合方式，根据不同目标消费群体的购买能力和消费习惯，在进行经营业态规划布局时进行横向布局，兼顾纵向交叉，拉长动线，即针对特定客群的业态、品类和品牌整合布局在同一个区域。

## 三、特色服务区开发

特色服务区开发的核心在于，通过特色餐饮、购物业态的打造，形成该服务区的品牌效应，以吸引偏好个性餐饮和购物的消费者。

### （一）立足地方资源开发特色

实际开发中既可在服务区开设一个地方特色品牌终端，如盱眙龙虾餐饮门店，或多个独立的品牌终端，如在服务区内分别开设南京云锦和南京雨花石展示与销售门店，其优势在于既能针对性地吸引特定消费人群，也可以汇总区域内地方特色资源在一个品牌终端集中展示与销售，如安徽八公山服务区“淮南旅游商品总汇”就引进旅游文化商品和地方特产200余种，以吸引多元消费者。

### （二）立足消费体验烘托特色

目前我国部分服务区也存在特色餐饮和特色购物项目，但其不足在于缺乏消费体验。优秀的特色餐饮或特色购物项目都会注意通过门店“氛围”的营造来推动销售，如福建天目服务区即是通过“茶”的商品展示、“茶”的品牌宣传片、“茶”的品鉴、“茶”的餐饮点心、“茶”的内部装饰等系统烘托特色。

## 四、主题服务区开发

主题服务区经营开发中，可依据服务区客流结构特点和客流在服务区的停留时间,并结合服务区内部或周边景区文化资源提炼主题或创造主题,从而形成主题服务区。一是依据服务区周边景区文化资源,提炼主题;二是依据服务区内部特色资源,提炼主题;三是依据社会消费趋势和热点,创造主题。

（一）主题服务区的类型

名人主题服务区,以人们熟悉的政治或文艺界名人的经历、事件、作品等为背景。

风情主题服务区,以独特的民族风情为基础,融入独特民族建筑和特色的民俗,创造服务区吸引力。

宗教主题服务区,以禅文化等宗教文化为主题,汇入禅茶文化精神,品鉴茗茶,以吸引众多高品位的商旅人士。

艺术主题服务区,以音乐、美术、电影、体育等富有艺术气息的文化为主题,体现不同的艺术特色。

运动主题服务区,以年轻群体喜爱的自驾、自行车、登山等户外运动为主题。

（二）主题的传递

通过建筑外观、内部环境氛围逐渐细化到物品,以将服务区主题传递给消费者,以满足消费者的“心理期待”,从而刺激兴奋的持续,使消费者满足、愉悦,例如:建筑的景观化,通过主题内在的逻辑关系、要素等,转化为物化的、形象的、可观赏的、有视觉冲击力的景观。如“茶文化”主题服务区内的品鉴空间等,这些休闲项目能让消费者享受到具有文化内涵的高端产品;物品的道具化,把具有特色的标志物、吉祥物转化为可以出售的道具、纪念品等,这样的手法称为物品的道具化。纪念品作为传递主题服务区形象的道具，是不可或缺的。服务区利用道具，可以让消费者将纪念品作为某段难忘之旅的回忆而珍藏，这不仅能在一定程度上强化消费者的体验，还能唤起消费者故地重游的冲动。纪念品还可以作为宣传的手段，在消费者向他人展示时吸引潜在消费者的目光，从而带来更多的客源。

（三）主题的体验

没有主题活动的主题服务区会大大降低顾客的体验。这就要求服务区在规划中，一方面需要“设计”丰富的主题活动的种类和内容，主题活动不能太单一，要有多项主题活动，活动内容要充实，要让消费者得到多层次的体验收获，包括身体的、精神的，从而达到丰富顾客体验内容的目的；另一方面需要提高主题活动的互动参与性，主题服务区应结合自身资源优势开发以消费者参与性为目的的娱乐项目，既给消费者以全新的亲身体验经历，又为其提供了交流的平台，满足了消费者的交际需求，如有些活动只需要消费者以观众的角色参与，有些活动则需要让消费者以表演的角色参与，消费者与消费者之间互为观众，互相欣赏，共同愉悦。

## 第三节　高速公路服务区经营开发项目

### 一、公路服务区经营开发趋势

（一）多元化经营开发

随着社会经济的发展，我国高速出行人群的增多和驾乘人员需求的多元化，高速公路服务区在满足车辆、人员的基本需求外，又面临着人们对它更高层次的需求，多元化经营开发成为公路服务区的重要发展趋势。目前，服务区主要的拓展项目就是旅游、客运中转站、物流等项目。服务区运用地理优势介绍当地旅游资源，推动旅游业的发展；或开发自身资源，在服务区内开发休闲度假项目。由于服务区紧密连接高速公路，所以服务区也能最方便、快捷地对高速公路上的人流、物流进行中转等服务。

（二）建立经营品牌

公路服务区经营的开发的另一趋势就是市场化、专业化的服务区经营公驾的建立，即品牌的建立。服务区的发展潜力已得到越来越多人的认同，能更好地吸纳专业人士和资金进行服务区的建设、经营、开发。同时，品牌可以形成协同效应，高速公路公司可以在丰富的实践经验基础上提出先进的管理理论，并将这些理论推广到其他项目，一方面可以提升各个项目的管理效率，另一方面也能充分利用原有的管理资源、释放多余的管理能力。品牌的另一优势就是品牌资产的价值，高速公路公司可以利用品牌资产提升企业知名度，拓展经营范围。

## 二、公路服务区常规经营项目

（一）对车辆的经营项目

从对高速公路上运行车辆的需求分析可以看出，服务区对车辆的服务内容主要有停车、加油、汽车修理、降温加水、洗车等。

1.停车

服务区应向过往车辆提供便捷、安全的停放场所。我国服务区停车场采用免费停车。虽然停车场不直接创造经济效益,但却是其他经营项目的基础。因此,服务区的停车场应根据高速公路的车流量、车型比例、服务区的驶入率等参数确定停车场规模。此外,服务区停车场应加强保安、监控措施,确保货物、车辆的安全。

2. 加油

加油是服务区的主营业务之一。一般服务区加油站都由中石油、中石化统一经营,但部分以 BOT 形式经营的服务区中加油站也由自己经营,其经济效益相当可观。目前,随着汽车产业的发展,已出现了电动汽车,汽车充电站也将逐渐成为服务区的经营业务之一。

3. 汽车修理

汽车修理间是服务区不可或缺的设施,尤其对于长途运输车辆,需要工具、场所进行检修。对于汽车修理这类专业性较强的项目,很多服务区采取租赁经营的模式,承包给汽车修理公司实行连锁经营,既可保证质量,又可降低成本。例如,沈大高速公路将沿线 7 个服务区 14 座汽车修理间的经营权交给了众诚汽车服务连锁有限公司,有效地利用了他们的技术力量和资源。

4. 降温加水

降温加水主要针对大型货车,装载货物的大型货车经长距离行驶会使制动器温度过高,服务区设置降温池确保车辆的行车安全。降温池的收费情况因地而异,京珠高速的漂河服务区降温池每车次 10 元,月营业额可达 9 万元。

5. 洗车

洗车主要的服务对象是小轿车。小轿车在驶出高速公路时希望能在服务区得到清洗，特别是靠近大城市的服务区这种需求显得更为明显。

（二）对驾乘人员的经营项目

从对高速公路上驾乘人员的需求分析可以看出，服务区对驾乘人员的常规经营项目主要是餐饮、住宿、购物等基础经营项目。

1. 餐饮

服务区餐饮表现形式多样，除了传统的套餐、自选餐，还可以结合服务区特点，发展主题式餐饮、娱乐式餐饮、美食街式餐饮等新的餐饮业态，进一步丰富餐饮业态，提升服务区餐饮质量。服务区餐饮类型及特点见表8-1。

**服务区餐饮类型及特点** 表8-1

| 类型 | 特点 | 吸引人群 |
| --- | --- | --- |
| 中西式快餐 | 价格便宜、菜品简单、简洁实惠 | 吸引年轻人和儿童人群 |
| 休闲式餐饮 | 以经营饮料、点心、小吃、零食为主 | 吸引愿意放松休闲的人群 |
| 特色式餐饮 | 以当地特色为基础，开发地方土菜 | 吸引偏好独特风味的人群 |
| 商务式餐饮 | 以中式宴请正餐为主 | 吸引商务人群 |
| 主题式餐饮 | 以怀旧、浪漫、运动等为主题 | 吸引白领人群 |
| 娱乐式餐饮 | 餐饮娱乐相结合 | 吸引高档消费或年轻消费人群 |
| 美食街式餐饮 | 融合全国各地风味小吃 | 吸引各类消费人群 |
| 移动式餐饮 | 开展食品外送服务 | 吸引快进快出服务区人群 |

在餐饮服务方面，一方面提供在途订餐服务等特色服务，保证驾乘人员驶入服务区即可就餐，另一方面借鉴海底捞特色，通过多元服务降低就餐等待抱怨，通过餐厅环境建设提升就餐体验。

在打造餐饮品牌方面，一方面构建服务区餐饮品牌连锁；另一方面引入国内外品牌，如麦当劳、肯德基、星巴克、小圆满等。

2. 购物开发

目前我国公路服务区便利店或超市产品提供和服务质量差异较大，可立足标准化与特色化提升服务区购物吸引力。购物开发主要有标准化品牌便利店、地方特色销售和购物中心三种形式。

(1)标准化品牌便利店。一方面强化自身的便利店连锁，另一方面也可引入国内外品牌。

(2)地方特色销售展示。将服务区作为地方工艺品、特色食品、特色农产品等明星产品的销售终端和展示终端，一方面改变特色商店没有特色、特产店全国特产都有的怪圈，增加地方农产品、地方工艺品，树立服务区自身的地区特色；另一方面，通过这种交通纽带为地方特色产品打广告、做宣传、扩大知名度。例如：地方土特产、地方特色的卷烟，驰名国内的服装品牌等。

(3)购物中心。由于综合服务区位于中心城市近郊，周边拥有较多的住宅区等地理区位优势，还可以开发大型的购物中心，比如中国台湾地区某些服务区，就以服务楼作为内部空间骨架，将服务区内各大主力店、专业店、品牌店、餐饮店、娱乐、旅游休闲设施等有机地串联在一起。各类业态店铺在围绕服务楼排布的同时，充分考虑每个区域的商业价值和各业态之间的相互关联、带动，以及对整个服务区的形象支撑、招商要求、面积要求、物业要求及经营、管理的特点等因素。同时，服务区的建筑特点是停车场就在服务楼的周边，并在服务楼的外围设置了较多的开放式铺面，这样消费者一到服务区停车就可以看到服务区众多的服务项目，勾起消费欲望，有利于促进消费，营造出浓烈的商业氛围。

3. 住宿开发

(1)客运接驳类住宿。通过与货运公司联系，设立客运接驳住宿

(与货运公司签订年度合同),以满足货运司机长途运输休息需求。

(2)经济类酒店住宿。一方面通过设立钟点间、标准间,以满足个体出行人群需求;另一方面通过引入如家、汉庭、7 天品牌,构建品牌影响力,如借鉴浙江高速驿网的驿佰居、布丁酒店模式。

(3)星级类酒店住宿。针对邻近景区的服务区,可考虑开发星级酒店,以满足中高端旅游人群需求。

(4)汽车营地式住宿。类似安徽齐云山服务区汽车营地,针对自驾游人群,设立房车和标准客房住宿。

## 三、公路服务区开发项目

### (一)物流开发

现代物流业的发展过程中,极为显著的特点就是离不开高效能运输通道和网络支持。高速公路上不仅存在人流与物流的流动,更有商业流、金融流、文化流,物流仓储配送服务是未来服务区大力拓展的新型服务内容之一,这是由服务区所拥有的占地空间优势、交通区位优势等诸多因素决定的。公路服务区物流开发主要有以下方向:

(1)建立物流集散中心。服务区一般占地较大,具备一定的堆存能力,可以建设物流仓库和配送中心。将服务区作为物流集散地,充分发挥高速公路和运输企业的专业化优势,利用服务区点多面广、交通便利的特点及经营高速公路服务区的比较优势,将服务区作为小件货物的集散地,开展运输、仓储、配送、中转、包装、报关等综合性物流服务。

(2)利用服务区的边角地带开展货物仓储。对于周边有许多边角地带的服务区,可通过改造和整理,向社会客户提供货物装卸和中转方便,而且也可以增加不少收益。如广深高速公路有限公司在高速公路通车前后,就着力改建立交桥下和其他规定地方的土地,以租赁方式给承租方,用作货物库存、料场和停车场等。

(3)建立大型物流园区。若高速公路途经和辐射的地区工商业比较发达,就会有较大的物流市场需求。因此,可以利用临近大中城市的服务区建立大型物流园区,通过集成现代化的物流枢纽、物流服务运营商(第三方物流)和物流信息服务供应商,向客户提供一整套完整的物流解决方案。

(4)利用高速公路管道通信系统建立物流信息港。信息交换平台是现代物流不可缺少的部分,无论是物流业务还是连锁经营网络,都需要电子信息交换平台。由于高速公路本身配有管道通信系统,为建立高速公路网络配送系统和信息交换平台提供了较好的条件。利用这个通信系统,建立高速公路网络的全线联网配载系统,为物流系统提供物流数据交换平台,即电子物流,使服务区物流体系趋于完整。

### (二)旅游开发

服务区是高速公路的一个窗口,也是旅游和高速公路的一个衔接点,能为旅游业的发展提供很大的空间。高速公路服务区利用其便利的交通条件,可以与当地旅游资源相结合,共同发展,实现优势互补。不但能增加服务区的客源,而且能增加当地的财富积累和经济收入,满足人们日益增长的物质文化需求,促进高速公路发展,增加就业机会。随着经济的发展,旅游业的发展非常迅速,越来越多的人愿意在节假日外出旅游,这就给交通运输创造了巨大的市场。但目前,运输行业只是被动地接受旅游业带来经济效益,并没有很好地与之结合,充分发挥二者的优势。公路服务区旅游开发主要有以下方向:

(1)设立旅游服务点。联合旅游管理部门在服务区设立直接面对旅游者的服务窗口,针对客运车辆上的乘客和自驾车出游的人,提供各种信息和服务。如公布各个景点咨询电话、各景点的特色、消费水平、景点导游联系、景点宾馆预定、景点游客饱和度等。同时,可直接在服务区内设立信息查询设备,以方便旅游者查询。

(2)与旅行社开展合作。积极主动地与当地各旅行社联系,宣传服务区的优美环境和优质服务,吸引旅游团在服务区住宿、就餐、购物,开辟创收渠道,形成经营特色和亮点。

(3)开展特色旅游文化活动。服务区依托当地旅游资源,开展特色旅游文化活动,吸引客流。如银川服务区以构建西夏文化、中宁服务区以构建枸杞文化、吴忠服务区以构建盖碗茶文化等来打造品牌。

### (三)快速客运中转站

服务区可以依托经济地理优势,为客运班线提供旅客集疏、配客服务。服务区既在高速公路上,又与高速公路隔离,同时具有场地优势。在服务区设置快速客运中转站,一方面可以缩短旅客乘车时间,满足乘客中转、换乘的需求,并提供舒适的候车服务,提高安全性;另一方面还可以在服务区建立与长途公交车相联系的客运信息管理系统,客运企业随时掌握旅客的流向,合理调度车辆,旅客可通过电子公告栏了解公交车的流向、到站时间、空位情况等信息,提高客运效率。

绍兴汽运集团有限公司在杭甬高速公路三江服务区旁设立了汽车站,过境长途客运车辆可以不出高速路网直接进入该车站。目前,该车站已经与30多家专业客运公司签约预留客座,共有136条班线通达全国20个省市,每天进站停靠的客运车辆达192趟。车站24小时全天候营运。车站同时还设立了连接市区和车站的公交班车。据了解，该站的使用，使绍兴的公路客运班线通达率提升了一倍以上。

(四)广告开发

高速公路是一个巨大宣传载体，过往的驾乘人员在长距离、单调、封闭的环境中，对沿途出现广告极为敏感。我国高速公路广告发展相对滞后，一般都借助跨线桥、边坡等天然媒体，很难形成宣传规模。同时，由于考虑的安全因素，高速公路沿线广告在数量、形式上都有较多限制，很难达到宣传效果。在服务区设立广告牌、路牌、霓虹灯箱、电子显示屏等形式的广告，既可以达到很好的宣传效果，又可以调节服务区的氛围，缓解驾驶员的疲劳状态，有利于行车安全。

(五)土地资源利用

高速公路沿线的土地资源十分珍贵，而服务区建设通常采用一次征地，分期建设，这样在建设初期就会出现大量的闲置土地，这部分土地除了作为绿化外还可以寻找更好的开发途径。例如，开发种植、养殖业，利用当地的人文风景开展休闲度假等活动。采取更为积极的方式利用土地。

(六)金融服务

随着服务区经营范围的不断扩大，经营内容的不断增加，尤其是物流等新兴产业的发展，服务区越来越需要金融服务的支持以推动其发展。在服务区设置银行、自动提款机等服务设施将势在必行。服务区可与银行合作，在区内设置网点，为过往驾乘人员提供便捷的金融服务。

## 第四节　高速公路服务区开发支持系统

为保证服务区经营开发有序推进,服务区经营开发中还需通过针对性的营销推广,持续吸引消费者;通过优质的客户服务,持续提升消费者满意度;通过有序的团队建设,持续为服务区经营开发提供人力资源支持。

### 一、服务区营销推广策略

服务区营销推广中,运用“切割”营销战略,以增强客户黏性。所谓“切割营销”是指,站在竞争的角度,对复杂的市场进行切割,寻找一个让消费者接受企业的区域,快速认同企业,规避与强大竞争对手的竞争。

#### (一)品牌切割

品牌切割是指赋予产品以品牌化的独特的内涵,予以足够的统一形式表达,从而使品牌与众不同,激发感性力量,创造隐性价值。实际操作中,品牌切割应坚持“三度”法则,即争夺品牌的高度、构建品牌的角度、强化品牌的深度,只有这样才能使产品的品牌具有可持续性的竞争能力。如打造服务区高档餐饮品牌,吸引中高端消费旅游人群,打造服务区大众化餐饮品牌,吸引一般消费人群。

#### (二)情感切割

一般而言,消费者选择商品有理性和感性两方面,若能通过理性或感性元素激活产品,即可使商品具备被接受的基本支撑点,如江西“红色”文化主题服务区,即通过宣传红军革命文化、体验红军生活,吸引具有怀旧情结的休闲旅游人群。

（三）市场切割

市场切割是指用有限的资源达成强弱关系的迅速转换，把产品、概念市场聚焦，集中优势兵力、改变力量对比，选择对于企业竞争成本最低的市场进行运营，如安徽汽车营地式住宿业态塑造，就是利用便捷的停车场地和快捷的交通网络，吸引自驾游人群这类新兴市场。

（四）人群切割

人群或客户群切割，是指将有限的资源指向目标人群，提升有效投入，实际操作中，应考虑目标人群基本的生活特征，信息传递、服务重点要有明确的目标指向，应有针对性地进行宣传和包装手段，如针对服务区消费的"常旅客"，通过与其建立长期稳定的客户关系，就可吸引该批人群重复消费，形成品牌忠诚度。

这里以盱眙服务区为例，根据前文分析，其可以打造以特色餐饮（盱眙龙虾）为核心的特色服务区，具体营销推广策略为：

品牌切割：着力打造"龙将军"业态品牌，区隔同区域内中小餐饮。

情感切割：以"从池塘到舌尖"为理念，宣传服务区盱眙龙虾的生态、鲜活概念，全面展示盱眙龙虾从选种、养殖、烹饪的全过程。

市场切割：通过门店内部环境营造和体验项目，将盱眙服务区龙虾塑造为面向中高端餐饮消费的餐饮业态。

人群切割：关注"老客户"提供增值服务（如专享家庭配送服务）；发展"新客户"，利用盱眙龙虾节，扩大潜在消费者知晓率。

## 二、服务区团队建设策略

优秀的服务区管理团队是服务区经营开发的核心保障,未来服务区管理团队建设中,应首先转变服务区管理团队经营理念,将服务区主任定位为服务区经理。同时,通过关键人才识别、关键人才盘点、关键人才选拔、关键人才培养、关键人才激励等措施,形成具有活力的服务区管理团队。

服务区关键人才识别:结合服务区经营开发的全过程,现阶段服务区经营开发中的关键人才为服务区规划人员,服务区招商策划人才、服务区运营监督人才、服务区及各业态经理,见图8-2。

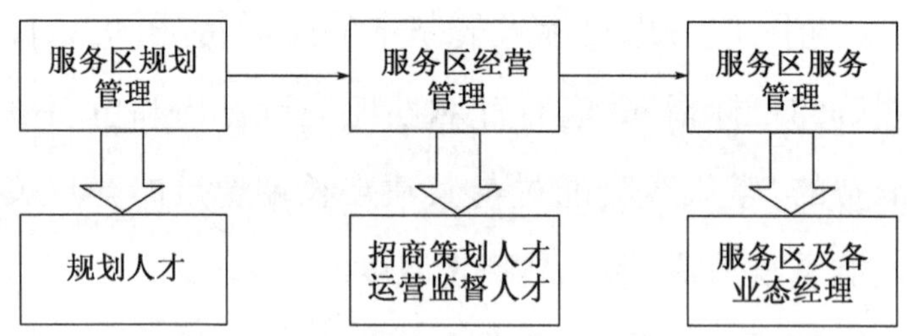


图8-2 服务区关键人才识别

服务区关键人才盘点:通过对各服务区管理团队的现状盘点,摸清"家底",预测服务区未来经营开发的人才需求数量和质量,找出与现实人才供给的差距,以指导我国公路服务区未来及年度的人才引进计划和人才梯队建设。

服务区关键人才选拔:根据不同类型、不同层次的人才梯队的要求,采取知识考试、能力测试、业绩评估等定量方法,同时结合领导考评、合作方考评等定性办法,综合考虑,以保证选拔的人员具有发展性、培养的人员具有先进性。

服务区关键人才培养:一方面,人才梯队素质能力提升采取学习培训和岗位实践的两个重要手段，"培训"和"实践"并重，双管齐下，双轮驱动；另一方面，结合人才测评和职业生涯规划，针对服务区经营需求、梯队人才的优势和不足以及未来拟任职位任职要求，按照"缺什么补什么，弱什么强什么"的原则，制订梯队人才培养计划，确定其适合的培养方式组合和培训课程组合，综合应用多渠道培养方式，滚动培养，形成完整培养链，有序运行、梯度开发。

服务区关键人才评估：人才梯队培育中可通过采取过程评估与定期考核相结合的评价机制，以衡量人才梯队及关键人才发展情况。同时，针对评估和考核情况，及时沟通反馈，促进人才成长，提高后备人才培养效果。此外，还应加强人才动态管理，以考核结果优化人才梯队，形成能上能下、能进能出、优胜劣汰、滚动培养、充满活力的人才梯队建设机制。

服务区经营团队人才激励：对培养合格、达到任职要求的梯队人才应按程序及时提拔，并充分发挥其积极性，鼓励和支持梯队人才在专题攻关、市场开拓、经营创新、担任讲师等方面发挥业务专长，真正使之成为服务区的中坚力量。

# 参考文献

[1] 涂峰,孙莹. 律师状告广深高速 全程无一加油站[N]. 南方都市报,2010-09-04.

[2] 交通部公路管理司译制组. 日本高速公路设计要领[M]. 西安:陕西旅游出版社,1991.

[3] 孙家驷,张维全. 道路设计资料集(第七分册)[M]. 北京:人民交通出版社,2005.

[4] 贾康,孙洁. 公私伙伴关系(PPP)的概念、起源、特征与功能[J]. 财政研究,2009(10):2-10.

[5] 唐祥来. 公私伙伴关系的公共经济学分析[J]. 财贸研究. 2011,22(3):79-85.

[6] 付建广,周伟,王元庆. 高速公路沿线服务区布局规划研究[J]. 中国公路学报,2001(12):81-84.

[7] 罗红刚. 浅谈高速公路服务区的设置[J]. 西北公路,2000(4):40-44.

[8] 王子明,李伟坚. 浅谈广东省高速公路服务区规划的原理与方法[J]. 公路交通技术,2001(3):20-22.

[9] 惠岗,刘龙军,薛风歧. 高速公路休息设施的规划、停车容量及征地规模[J]. 东北公路,1996(2):22-26.

[10] 郭林,张德臣,常连厚. 高速公路服务设施建设规模研讨[J],山东交通科技,2001(1):13-18.

[11] 交通运输部. 公路交通突发事件应急预案[EB/OL]. 中国交通技术网. http://www. tranbbs. com/lawcollect/code/ndepartment/

lawcollect_20090604081323.shtml.

[12] 过秀成.道路交通安全学[M].南京:东南大学出版社,2001.

[13] 李江.现代道路交通管理[M].北京:人民交通出版社,2000.

[14] 李洪江,潘洪清.论公共物品的提供[J].中国煤炭经济学院学报,2000(4):19-23.

[15] 阎坤,王进杰.公共品偏好表露与税制设计研究[J].经济研究,2000(10):61-66.

[16] 曲创,臧旭恒.消费的机会成本与公共物品的有效供给[J].消费经济,2004(4):3-6.

[17] 赵时亮,陈通.公共产品的私人供给——以开放源代码软件开发为例[J].经济学家,2006(2):77-83.

[18] 刘志铭.公共物品的私人提供与合作生产:理论的扩展[J].生产力研究,2004(3):24-25.

[19] 李郁芳.政府公共品供给行为的外部性探析[J].南方经济,2005(6):21-23.

[20] 管强.城市化进程中的公共物品引致供需分析[J].中央财经大学学报,2003(7):9-11.

[21] 交通运输部科学研究院.广东省高速公路服务区总体布局规划[R].2000.

[22] 交通运输部科学研究院.安徽省高速公路服务区规划建设及运营管理综合研究[R].2007.

[23] 交通运输部科学研究院.河南省高速公路服务区先进性运营管理研究[R].2006.

[24] 交通运输部科学研究院.山东省交通厅公路局高速公路服务区管理模式研究[R].2009.

[25] 交通运输部科学研究院. 广西交通投资集团有限公司高速公路服务区发展规划[R]. 2010.

[26] 交通运输部科学研究院. 高速公路服务质量评价研究[R]. 2012.

[27] 交通运输部科学研究院. 提升交通运输行业服务质量服务水平研究 [R]. 2013.

[28] 交通运输部科学研究院. 江苏省高速公路服务区发展研究[R]. 2015.

[29] 交通运输部科学研究院. 齐鲁交通发展集团有限公司高速公路服务区运营管理研究[R]. 2017.